KÜNSTLER AUF HIDDENSEE

Mein besonderer Dank gilt:

der Archivarin Jana Leistner und dem Team des Hiddenseer Heimatmuseums für die Möglichkeit, im Archiv Recherchen anstellen und Photos benutzen zu dürfen;
Prof. Dr. Wolf Ritscher und Jürgen Friedrich für das unkomplizierte Zur-Verfügung-Stellen von Bildmaterial zu Käthe Loewenthal und Susanne Ritscher;
dem Rostocker Schriftsteller Michael Baade für Photos aus seinem Archiv;
Sabine Ingenohl für die Verwendung von Bildern aus dem Archiv Maya Löfflers;
den Hiddenseern Rosemarie und Georg Schubert für Bildmaterial zu Clara Arnheim;
dem Archiv des Julie-Wolfthorn-Freundeskreis unter Leitung von Sabine Krusen;
dem Schriftsteller und Zeichner Tobias Falberg für die Portraitzeichnung von Gottfried Benn
dem Museum Perleberg unter Leitung von Günther Seier (Photo Lotte Lehmann);
der Stiftung Fondazione Monte Verità für die Erlaubnis des Abdrucks von Bildmaterial aus der Ausstellung
der Nachlaßverwalterin Marianne Nienaber für das Bildmaterial zu Willy Jaeckel
dem Ehepaar Erika und Hans-Christian Tappe für die Erlaubnis Gemälde von Elisabeth Büchsel und Katharina Bamberg reproduzieren zu dürfen
Ulrike Northing für das Titelbild
(Atelier im Rathaus Hiddensee/Norderende 162/ Dachgeschoß; www.ulrike-northing.de)

Impressum

1. Auflage 2010

Titel-Bild: Ulrike Northing (*1954), datiert auf 2005
Satz & Layout: Klaus Decker, Berlin
Gesamtherstellung: Bloch & Co, Berlin

ISBN 978-3-00-030737-9

KÜNSTLER AUF HIDDENSEE

„Um meine Insel singt das Meer sein Lied“

Henni Lehmann

Der Aufstieg Hiddensees zur Künstlerinsel begann im neunzehnten Jahrhundert mit der damals überhaupt erst möglichen Anreise, wenn diese sich auch zunächst noch etwas beschwerlich gestaltete. Diese Anreise war für den Hiddenseebesucher vor mehr als hundertzwanzig Jahren ein kleines Abenteuer.

▲ HIDDENSEER FISCHER BEI DER ARBEIT

▲ DIE FÄHRINSEL

Zuerst mußte er sich vom Tourenschiff Stralsund-Breege/Wittow aus- oder abbooten lassen. Über ein Signal wurde der Fährmann gerufen, der die Passagiere mit seinem Ruderboot an das flache Ufer brachte. Doch nun befand man sich erst auf der Fährinsel, dem winzigen Fleckchen Land, das der Insel Hiddensee auf der Boddenseite vorgelagert und von diesem nur durch einen ungefähr fünfzig Meter breiten, kniehohen Wasserstreifen getrennt ist.

Ob der Fährmann bereit war, die weiblichen Gäste über den schmalen Wasserweg zu tragen, soll immer vom Aussehen und dem Gewicht der Damen abhängig gewesen sein, schrieb schon der Pastor Arnold Gustavs (1875–1956) in seinem Heimatbuch über Hiddensee. Die Herren mußten die Hosen hochkrempeln und waten. Später nutzte man Pferdefuhrwerke. Bis 1952 lebten dort die Fährleute, heute ist diese Fährinsel Brutgebiet für Seevögel.

Doch auch, nachdem am 17. Juli 1887 erstmals der Dampfer „Germania" auf einer Extrafahrt mit viel Getöse Kloster erreicht hatte und ab Juli 1892 der Salon- und Postdampfer „Caprivi" diese Ortschaft in seine reguläre Route aufnahm, blieb die Zahl der Hiddenseeurlauber übersichtlich.

Im Jahr 1905 entstand eine Landungsbrücke für Motorboote im Süden bei Neuendorf/Plogshagen. Wenig später liefen Stralsunder Dampfschiffe den Hauptort Vitte an. Dennoch blieb es ruhig auf der Insel. Hiddensee bot weder Kurhäuser noch Tennisplätze oder prunkvolle Promenaden. Das sollte bis in die heutige Zeit so bleiben.

▼ AM WESTSTRAND (UM 1905)

▲ DIE „CAPRIVI“ AN DER LANDUNGSBRÜCKE

Die ersten Reiseschriftsteller, Heimat- und Naturforscher besuchten die Insel im neunzehnten Jahrhundert. Sie schrieben ihre Eindrücke nieder und veröffentlichten sie. Was sie vorfanden, war ein von der Zivilisation wenig berührtes Eiland. Die Mischung aus äußerst reizvoller Landschaft und der nur durch Vogelgezwitscher unterbrochenen Ruhe lockte schließlich im zwanzigsten Jahrhundert viele individuell Reisende an. Es kamen immer mehr Schriftsteller, Dichter, Maler, Musiker und Schauspieler. Einige von ihnen hatten bereits vor dem Ersten Weltkrieg Hiddensees Ruf als Künstlerinsel begründet.

Auch das hat sich bis heute kaum verändert, wobei der Begriff Künstlerinsel im Falle Hiddensees einer Erklärung bedarf. Künstlerinsel heißt hier das Miteinander von Insulanern und Künstlern, die auf Hiddensee Inspiration suchen und finden.

Die damaligen Reisenden waren meistens Künstler und Lebenskünstler, die einfach versuchten, auf Hiddensee ihr Leben zu genießen, die die Insel als Urlaubsort auserkoren oder auch unkompliziert die Möglichkeit erhielten, ihr Sommerdomizil auf dem „söten Länneken“ aufzuschlagen.

Jedoch ist die Künstlerinsel Hiddensee nicht zu vergleichen mit ähnlichen Künstlerresidenzen wie beispielsweise Worpswede, wo Charakter und Ambiente durch das Künstlerische geprägt waren. Hiddensee blieb immer Hiddensee. Als Inspirationsort, als Möglichkeit des Ausstiegs; und die knurrigen Einwohner, wortkarg aber ehrlich, ließen sich nie vom ‚elitären Gehabe' der Künstlernaturen vereinnahmen. So blieb die Insel Rückzugsgebiet und Geheimtip, Ort des jährlichen Aufeinandertreffens für Künstler und alle diejenigen, die die Insel in ihr Herz geschlossen hatten, ohne dafür in den ‚Olymp' etablierter Künstleridyllen aufzusteigen.

▲ NEUENDORF AM BOLLWERK (POSTKARTE)

Friedrich Preller der Ältere (1804–1878) nahm seit 1837 die schwierige Anreise auf sich, um in den Sommermonaten das Leben der Inselbewohner auf die Leinwand zu bannen. Er schwankte stilistisch zwischen romantisierendem Realismus und idealisierendem Klassizismus. Die Einzigartigkeit der Natur zog auch Malerinnen wie Antonie Biel (1830–1880) oder den Freilichtmaler Walter Leistikow (1865–1905) an.

▲ KÜNSTLERTREFF NAHE DER DORNBUSCHWIESE (1924)

Im Sommer 1885 besuchte der Dichter Gerhart Hauptmann (1862–1946) zum erstenmal die vom Tourismus unberührte Insel, die ihn Zeit seines Lebens immer

▲ FRIEDRICH PRELLER DER ÄLTERE: FISCHERKATEN AUF HIDDENSEE (UM 1850)

▲ ANTONIE BIEL: STRANDBILD I (UM 1860)

▲ ANTONIE BIEL: STRANDBILD II (UM 1860)

wieder für Wochen und Monate festhielt. Wiederholt griff Hauptmann das Motiv von Insel, Meer und Abgeschiedenheit in seinem Schaffen auf. Der erste Eindruck des Dramatikers von der Insel und seinen Bewohnern war der von Weltabgeschiedenheit, Einsamkeit, Verlassenheit. In einer Tagebuchaufzeichnung vom August 1899 heißt es:

„Ich liebe den Boden, der diesmal, ausgebrannt wie selten, nur eine arme dürftige Vegetation trägt. Ich liebe alle die Hungerblümchen, die in ihrer Armut so überaus lieblich sind."

[Gerhart Hauptmann: Sämtliche Werke, hrsg. von Hans-Egon Hass © 1996 Propyläen Verlag in der Ullstein Buchverlage GmbH, Berlin, S. 285]

▲ DER INSELBLICK (POSTKARTE)

Der naturalistischen Dramatik gebührt das Verdienst, die Schwierigkeiten der Psyche im sozialen Kontext dargestellt zu haben. Hysterisiert und ekstatisch rannte schon 1891 Gerhart Hauptmanns Held Johannes Vockerath in EINSAME MENSCHEN gegen die alten Grenzen der Familie an. Bisher zeigte Hauptmann das Scheitern der jugendlichen Ansprüche auf sich selbst, weil sie noch zu sehr die Erwartungen der Erwachsenenwelt beherzigten, ohne Rücksicht auf Einengung. Noch wurden die Jungen zwischen den Gegensätzen zerrieben, aber schon bald überschritten sie die Alltagsrealität durch ihre Sehnsucht nach einer Gegenwelt.

◀ BRANDUNGSHÖHLE AN DER HUCKE (POSTKARTE)

Daraus ging der Typus des Antihelden hervor . Die Signalwirkungen waren andere geworden. Der Dramatiker Ernst Toller (1893–1939) beschäftigte sich damit. Ihn zog es übrigens seit 1925 ab und an auf die Insel.

Ernst Toller war ein Schriftsteller deutsch-jüdischer Herkunft. Als Kriegsfreiwilliger im Ersten Weltkrieg kämpfte er vor Verdun, bevor er 1916 einen physischen und psychischen Zusammenbruch erlitt. In dieser Zeit entstanden seine ersten Gedichte gegen den Krieg, er hatte sich zum Kriegsgegner entwickelt. Während des Jurastudiums in München machte er unter anderem Bekanntschaft mit dem Romancier Thomas Mann (1875–1955), dem Dramatiker Frank Wedekind (1864–1918) und dem Lyriker Rainer Maria Rilke (1875–1926), die ihn alle nachhaltig beeinflußten. Er beteiligte sich 1918 am Umsturz in Bayern und rief zusammen mit Gustav Landauer (1870–1919) und Erich Mühsam (1878–1934) am 9. April 1919 die Münchner Räterepublik aus. Toller galt im politischen Leben als kompromißlos und hatte diese Eigenschaft mit Festungshaft zu bezahlen, die er von 1919 bis 1924 in verschiedenen Gefängnissen absaß. Während seiner Gefangenschaft schrieb er Stücke wie MASSE MENSCH, DER DEUTSCHE HINKEMANN oder MASCHINENSTÜRMER, die zu seinen wichtigsten Bühnenwerken zählen. Doch auch danach

▲ ERNST TOLLER IM GEFÄNGNIS NIEDERSCHÖNFELD

entstandene Theaterstücke wie HOPPLA, WIR LEBEN erfuhren aufsehenerregende Aufführungen. In HOPPLA stellte Toller den Ausdruck „Hoppla“, der eigentlich für den Moment des trivialen Erschreckens gedacht war, in einen anderen Sinnzusammenhang. Er brachte ihn in Verbindung mit dem Leben, nahm ihn aus der Zirkuswelt heraus und drückte Erstaunen über das Noch-Existieren aus.

Auch die Jenny aus Brechts DREIGROSCHENOPER, die singt: „wenn dann der Kopf fällt, sag ich: Hoppla", verwendet diesen Ausdruck nicht erschrocken, sondern sehr gelassen, fast schadenfroh – ein Charakter, der dem des Heldentypus entgegensteht. Alles, was damals passierte, passierte so ziemlich allen. Menschen schienen austauschbar geworden zu sein. Um so mehr betonten viele ihre Individualität.

Zeitlebens setzte sich Toller für seine humanitären und sozialistischen Ideale ein. Seit 1933 im Exil in den USA wurde er zu einem geschätzten Repräsentanten des anderen Deutschland. Die Anerkennung der Franco-Diktatur in Spanien durch die Westmächte erschütterte Toller zutiefst. Diese Skrupellosigkeit in der Politik trieb den damals Sechsundvierzigjährigen zur Verzweiflung und in den Tod. Toller zerbrach wie sein Held Karl Thomas aus HOPPLA an der Epoche.

Auch Else Lasker-Schüler (1869–1945), eine der schillernsden Figuren der deutschen Bohemé- und Literaturavantgarde weilte zweimal (1913 und 1924) auf Hiddensee. Die Tochter einer wohlhabenden jüdischen Familie veröffentlichte 1899 ihre ersten Gedichte in der Zeitschrift DIE GESELLSCHAFT. Sie war eng mit dem Schriftsteller Peter Hille (1854–1904) befreundet, dem sie

▲ ELSE LASKER-SCHÜLER

1906 das PETER HILLE BUCH widmete. Er war für sie ‚Petrus der Felsen' – ihr Erlöser – und Hille nannte sie ‚den schwarzen Schwan Israels'. Hier begann auch ihre Verwandlung und Emanzipation. Sie erfand ständig neue Masken, nannte sich fortan ‚Tino von Bagdad' oder ‚Prinz Jussuf von Theben'. Selbst ihre Künstlerkollegen versah sie mit phantasievollen Namen: Johannes Holzmann (1882–1914) wird zu Senna Hoy, Karl Kraus (1874–1936) ist der Dalai Lama, Franz Marc

(1880–1916) der Blaue Reiter Ruben, Gottfried Benn (1886–1956) wird zu Giselheer. Nach ihrer Scheidung von Bertold Lasker (1860–1928) heiratete sie den Schriftsteller Georg Lewin (1878–1941), dem sie das Pseudonym Herwart Walden nach Thoreaus (1817–1862) WALDEN vorschlug. Walden, Herausgeber der Zeitschrift DER STURM, einem wichtigen Organ des EXPRESSIONISMUS, trennte sich 1910 wegen einer jüngeren Frau von Lasker-Schüler, was diese in eine tiefe Krise stürzte. Fortan machte sie sich jünger, um ‚mit der Zeit Schritt zu halten'. Ihre Werke illustrierte sie selbst, einige ihrer Zeichnungen waren bis 1933 auch in Museen zu sehen, bevor sie als ‚entartet' entfernt wurden. In ihrem 1932 geschriebenen Stück ARTUR ARONYMUS – noch vor der Erstaufführung von den Nationalsozialisten vom Spielplan genommen – sah sie die kommende Judenverfolgung hellsichtig voraus. Lasker-Schüler emigrierte im April 1933 in die Schweiz, von wo aus sie mehrere Reisen nach Palästina unternahm. Nach Ausbruch des Zweiten Weltkrieges verweigerte die Schweiz ihr ein Wiedereinreisevisum. Sie starb wenige Monate vor Kriegsende in Jerusalem. Ihre Kunst war zeitlebens vom Gefühl getragen, Tod und Judentum zentrale Themen ihrer Lyrik. Ihr Protest gegen bürgerliche Konventionen durchzog nicht nur ihren Lebensstil, sondern schlug sich auch in ihrem Werk nieder.

Die Beziehung Else Lasker-Schülers zu dem siebzehn Jahre jüngeren Gottfried Benn gibt einige Rätsel auf. Er arbeitete als Arzt und verwirklichte sich als Dichter und Essayist. 1912 erschien sein erster Gedichtband MORGUE UND ANDERE GEDICHTE, der ihm große Anerkennung brachte. Im Sommer desselben Jahres lernte er Else Lasker-Schüler kennen. Belege für ein intensives Liebesverhältnis sind die Dichtungen der beiden. Lasker-Schüler widmete ‚Giselheer' mehr als ein Dutzend Gedichte. Ihre wie auch immer geartete Liaison soll im Sommer 1913 auf Hiddensee, wo Benn seine spätere Frau, die Witwe Edith Osterloh (1878–1922), kennenlernte, ihr Ende gefunden haben.

◀ GOTTFRIED BENN (ZEICHUNG VON TOBIAS FALBERG)

Einer, der sich noch früher der Anpassung verweigerte und auf Individualität schwor, ist Alexander Ettenburg (1858–1919). Der Einsiedler und selbsternannte Theaterkünstler nahm Zuflucht auf Hiddensee und blieb „dem süßen Ländchen“ bis an sein Lebensende verbunden, seit er es 1888 erstmalig betreten hatte. Er rührte kräftig die Werbetrommel, machte sich um den Fremdenverkehr der Insel verdient. Bis zu seinem Tode versuchte er die Schönheit der Insel in Gedichten, Schriften und auf seinen Vortragsreisen publik zu machen. Einen der ersten Hiddensee-Reiseführer schrieb er bereits 1905. Das wurde besonders anerkennend in Arthur Schusters Reiseführer hervorgehoben:

„Hiddensee ist seit etwa zehn Jahren durch die fortgesetzten Bemühungen des sogenannten Einsiedlers von Hiddensee, des Schriftstellers und Schauspielers A. Ettenburg, als Ostseebad in Aufnahme gekommen, und hat wegen seines Vorzüglichen Wellenschlages von seinen Besuchern den Beinamen eines ‚Helgoland der Ostsee‘ erhalten. Die Zahl der Fremden betrug 1904 über 1500, und die der Extrafahrt-Ausflügler circa 4000. [...]“

[Arthur Schuster: Die Insel Hiddensee bei Rügen. – In: Führer durch die Insel Rügen 1905–1906. Verlag Arthur Schuster, S. 91/92]

Durch seine erste Frau, die Malerin Marie Magdalinski, wurde Ettenburg auf Hiddensee aufmerksam. Er erwarb im nördlichsten Ort Grieben ein altes Fischerhäuschen und baute es zu einer schwedischen Bauernschänke um. Diese stattete er mit den Gemälden Marie Magdalinskis aus. Nach der Scheidung wieder allein,

Alexander Ettenburg

Hiddensee

Un dor, an Rügens Westerkant,
Dor liegt min Hiddensee,
Dat lütte, smale Inselland
Mit Wiesch un wald'ger Höh!

Wie Orgelton brust hier dat Meer
Bi Dag un ok bi Nacht!
Un Lerchensang swebt öwer her
In gold'ner Frühjohrspracht!

Min Hiddensee, min sötes Lann',
Wi büst du enzig schön!
Un nie verget, wer eenmal nur
Di Hiddensee hatt sehn!

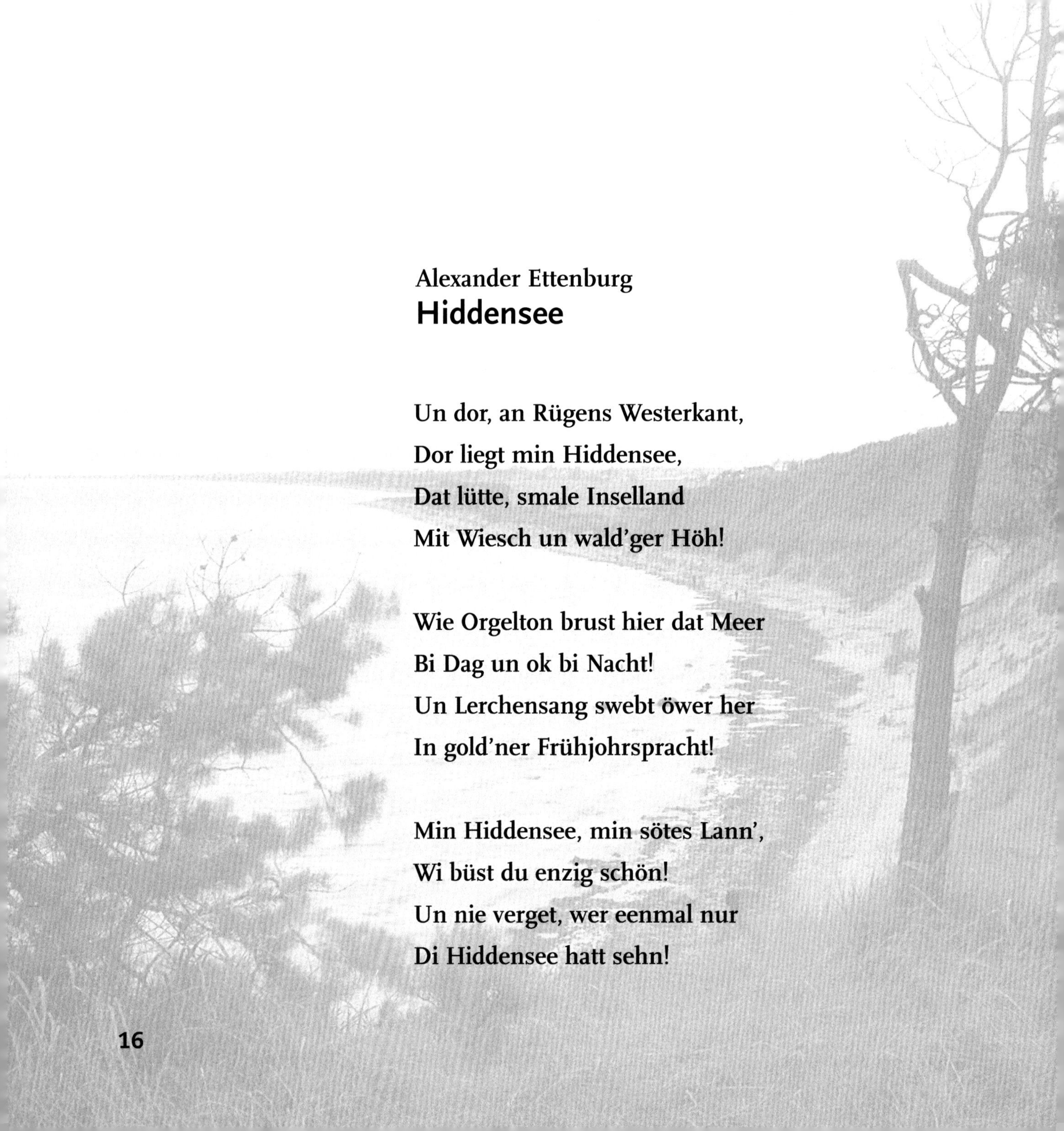

◀ BERGWALDSCHÄNKE (UM 1905)

widmete er sich dem Freilufttheater und pachtete die Bergwaldschänke im Hochland. Dort befand sich auch sein Poetenstübchen mit Bibliothek. In einer etwas abseits gelegenen Hütte verbarg er sein „Mausoleum“, ausgerüstet mit Zinksarg und vollständiger Verbrennungsausstattung. Er nannte sein Domizil „Tannhausen“, bewegte sich fast immer barfuß und in einer Einsiedlertracht, die aus einem weißen Gewand mit schwarzem Rundkragen bestand.

Die Inselfischer akzeptierten seine Lebensweise, hielten ihn aber für einen verrückten Kerl. Davon unbeeindruckt eröffnete Ettenburg 1898 ein Naturtheater. Er war dort alles in einer Person: Stückeschreiber, Regisseur, Schauspieler und Kostümschneider. Im Sommer des Jahres 1900 erlebte das Hiddensee-Drama SWANTEWITS FALL seine Uraufführung. Es spielte in der Swantischlucht, nach der er sein Drama genannt hatte. Mit Hilfe einiger Künstler führte Ettenburg dort auch sein Drama HIDDE, DIE FEE DES SÖTEN LÄNNEKENS oder Szenen aus Goethes IPHIGENIE und Grillparzers SAPPHO auf.

Dreizehn Sommer hauste, spielte, rezitierte und schriftstellerte er in dem Bergwäldchen, bevor es ihn aus finanziellen Gründen in die Nähe des Vitter Südstrandes verschlug. Lange Zeit verbrachte er die Wintermonate auf dem Festland. Von 1910 an lebte er schließlich in Vitte in der „Einsiedelei Mathilde“, die er gleichzeitig als Strandcafé betrieb. Er blieb nun auch den Winter über auf der Insel, aber die Abgeschiedenheit wirkte sich ungünstig auf sein Gemüt aus. Er verfiel dem Alkohol und die Gicht plagte ihn.

Mit Ausbruch des Ersten Weltkrieges blieben die Gäste aus, und Ettenburg geriet in Vergessenheit. Einige Hiddenseer und Freunde sorgten dafür, daß der einsame

Abschied von Hiddensee.

Soll wirklich jetzt von Dir nun scheiden
Dein Einsiedler, mein Hiddensee? . .
Soll Deinen Wogenstrand ich meiden
Und Deiner Berge luft'ge Höh'? . .
Doch wo ich wandre, wo ich weile
Stets wendet sich zu Dir mein Blick:
Auf Dir gewann ich – wie so viele –
Den »Menschen« wieder mir zurück!

Alexander Ettenburg,
Einsiedler von der Insel Hiddensee bei Rügen.

Bergwald-Kolonie „Tannhausen" — Sommer 1907.

▲ POSTKARTE MIT EINEM GEDICHT ALEXANDER ETTENBURGS

Künstler nicht verhungerte. Im Oktober 1919 verstarb er in einem Stralsunder Krankenhaus. Sein Wunsch, auf dem Hiddenseer Inselfriedhof beigesetzt zu werden, erfüllte sich nicht. Die Urne mit seiner Asche ging auf dem Postweg nach Hiddensee verloren – ungewollt die erste Seebestattung der Insel.

Die überkommene Familienkultur des neunzehnten Jahrhunderts brachte immer mehr Individualisten hervor. In der Psychologie setzte Sigmund Freud (1856–1939) unbeirrbar seine bahnbrechenden Erkenntnisse durch; auch er ein Inselbesucher, der die Abgeschiedenheit Hiddensees genoß.

Der nach Selbstverwirklichung strebende junge Mensch um 1900 erfuhr jedoch nicht nur in der Privatsphäre, sondern auch in der öffentlichen Erziehung durch Schule und Kirche eine extreme Enge. Die Jugend der wilhelminischen Gesellschaft fand im öffentlichen Leben kaum einen Fluchtpunkt, während rundherum alles expandierte, technologisch wie wissenschaftlich sich neu orientierte.

Die Zustände in Deutschland begannen sich dramatisch zu verändern. Im Baltikum und in Oberschlesien kämpften nationalistische Kräfte um den Bestand des Reiches. Im Inneren suchten revolutionäre Linke die Macht zur totalen gesellschaftlichen Veränderung zu erlangen. Es gründeten sich Räterepubliken in München und Bremen, es gab den Mitteldeutschen Aufstand, es kam zum Sturm auf Essen und zur sogenannten Hamburger Erhebung. Die Bedingungen des Friedensvertrages von Versailles, die Gewaltmaßnahmen zu seiner Durchsetzung, wie zum Beispiel die Ruhrbesetzung, spalteten und politisierten das Volk nicht nur, sondern stürzten es durch die Inflation auch in arge Verlustängste.

Das deutsche Kaiserreich war mit ungelösten Strukturproblemen belastet. Seelisch und körperlich verkrüppelt kehrten die Überlebenden des verlorenen Krieges zurück. Dem Kaiser wurde der Thron entzogen und die Zeit der Weimarer Republik eingeläutet. Anfang und Ende dieser Republik waren begleitet von chaotischen, teils bürgerkriegsähnlichen Zuständen. In der Mitte erlangte die Republik jedoch eine Stabilität, die gefeiert wurde. Künstler dieser Zeit zeigten sich engagiert und politisch interessiert. Sie thematisierten die Erfahrungen des Ersten Weltkrieges und den sich anschließenden gesellschaftlichen Wandel.

Währenddessen etablierte sich in Literatur und Kunst eine Avantgarde, die unter dem Motto der NEUEN SACHLICHKEIT operierte und die Ekstatik des EXPRESSIONISMUS ablöste. In der trivialen, brutalen, lieblosen, ungerechten Welt war das Vertrauen auf Humanität absurd geworden. Immer mehr Künstler versuchten auszubrechen und im besten Fall sich in der idyllischen Natur anzusiedeln. Wer es sich leisten konnte, entfloh der Stadt.

Zu den ersten Sommergästen, die auf Hiddensee zu Beginn des zwanzigsten Jahrhunderts ein eigenes Haus bauten, gehörte der Berliner Maler Oskar Kruse (1847–1919). Bis zu seinem zweiundvierzigsten Lebensjahr arbeitete Kruse als Kaufmann und war zuletzt Besitzer

▲ DIE LIETZENBURG MIT DER SKULPTUR MAX KRUSES „DER SIEGESBOTE VON MARATHON"

eines großen Holzhofes in Berlin. Dann entschloß er sich, seinen Beruf an den Nagel zu hängen, um Künstler zu werden. Er studierte ab 1889 Malerei in Berlin, München und Paris. Es folgten Studienreisen durch Deutschland, England und Italien. Als er sein väterliches Erbe antrat, nahm er sich vor, folgende Mission zu verwirklichen: Auf Hiddensee sollte eine Künstlerkolonie entstehen.

Er erwarb 1904 ein großes Grundstück und ließ sich im Ort Kloster auf freier Höhe einen repräsentativen Landsitz errichten, die „Lietzenburg". Der Name war der Lietzenburger Straße in Berlin Charlottenburg entlehnt, in der die Kruses ihren festen Wohnsitz hatten, und wo im übrigen auch Gerhart Hauptmann gelegentlich verkehrte. In der „Lietzenburg" oder ‚Oskars Groschengrab' – wie seine Schwägerin Käthe das Anwesen einmal spöttisch bezeichnete, versammelte der Künstler während der Sommermonate einen Kreis von Schriftstellern, bildenden und darstellenden Künstlern um sich, die seine Gastfreundschaft und seine Erzählgabe sehr zu schätzen wußten.

Der Jugendstilbau, damals freistehend, ist inzwischen von einem Mischwald umgeben. Nur noch die Burgspitze ist von weitem zu sehen. Weitergeführt wurde diese, man kann fast sagen Institution, nach seinem Tod durch seinen Bruder Max Kruse (1854–1942), den Bildhauer und Käthe Kruse (1883–1968), die Puppenmacherin. Der Bildhauer arbeitete im Stile des NEUBAROCK und des NEOKLASSIZISMUS, unter anderem schuf er 1897 die

▼ OSKAR KRUSE IM ATEKIER DER LIETZENBURG

▲ OSKAR & ANNA KRUSE

▲ KÄTHE & MAX KRUSE

berühmt gewordene Holzplastik von Gerhart Hauptmann. Max war mit der Puppenmacherin Käthe, deren ursprüngliche Karriere als Schauspielerin begann, verheiratet. Ihr gelang es, gestützt durch ihren Mann, Familie und Künstlerdasein unter einen Hut zu bringen.

Durch Max und Käthe Kruse bestand auch eine Verbindung zu den Lebensreformern am Monte Verità. Max Kruse hatte seine Lebensgefährtin (das Paar heiratete erst 1909) und die zwei gemeinsamen Töchter 1904 an den Lago Maggiore nach Ascona gebracht, da er der Meinung war, daß die Großstadt Berlin nicht der richtige Platz für die Kinder sei. Käthe bezog mit ihren Töchtern für mehrere Jahre ein kleines Häuschen in der Nähe des Monte Verità. Zwangsläufig kam sie mit den dortigen Kolonisten um Gusto Gräser (Gustav Arthur Gräser, 1879–1958) und den ‚Suchenden' aus aller Welt, die von deren Ideen angezogen wurden, zusammen. Max, der sie des öfteren besuchte, war von der autarken Lebensweise und dem künstlerischen Geist der Monteveritianer fasziniert. Er zählte diese Eindrücke später zu den stärksten seines Lebens. Ascona ist auch die Geburtsstätte der Kruse-Puppen. Käthe, die hier anfing sich künstlerisch zu betätigen – sie malte und zeichnete – fertigte 1905 ihre ersten Puppen, nachdem sich Max geweigert hatte, eine der seiner Meinung nach ‚scheußlichen' handelsüblichen Puppen mit Porzellankopf für die ältere Tochter zu kaufen. Die Gewinne aus der späteren Puppenproduktion in Bad Kösen trugen entscheidend zum Unterhalt der Lietzenburg bei.

▼ FIGUR DER PERSEPHONE VON MAX KRUSE AUF DEM PARKFRIEDHOF BERLIN-NEUKÖLLN

MONTE VERITÀ

„Mir scheint Ascona zu einem weit erstrebenswerteren, wenn auch neuen und vielleicht recht absonderlichen Experiment der geeignete Ort zu sein. Die Menge außergewöhnlicher Erscheinungen, die schon jetzt hier ihren Wohnsitz haben, in Verbindung mit dem duldsamen, freiheitlichen Charakter der eingesessenen Bevölkerung und der relativ geringfügigen Belästigungen der Bewohner durch die staatlichen Gewalten im Kanton Tessin, prädestinieren Ascona zu einer Sammlungsstätte solcher Menschen, die infolge ihrer individuell gearteten Veranlagung ungeeignet sind, jemals nützliche Mitglieder der kapitalistischen menschlichen Gesellschaft zu werden. […] Nein, die heutige Gesellschaft fördernde Elemente werden Leute mit so starkem Ichgefühl nie werden, aber Vorkämpfer einer in jeder Hinsicht besseren, froheren und schöneren Gesellschaft, das können sie werden, wenn sie irgendwo einen Fleck Erde wissen, wo man sie nicht scheel ansieht und sie nicht als Verworfene und Verkommene meidet“

[Erich Mühsam: Ascona. Eine Broschüre. Verlag Birger Carlson, Locarno 1905. S. 57]

Aus der Kritik an der zunehmenden Industrialisierung mit all ihren Begleiterscheinungen für den Menschen im ausgehenden neunzehnten Jahrhundert entstanden Reformbewegungen, die ein naturnahes Leben, Naturheilkunde, Vegetarismus und Naturismus propagierten. Licht, Luft, Sonne – „Zurück zur Natur“ – waren die Schlagworte dieser Lebensreformer. Ein „Dritter Weg“ zwischen Kapitalismus und Kommunismus sollte die Selbstbefreiung und das ‚Heil‘ für den Menschen bringen. Ideologische Grundlagen waren Theosophie, Tolstoiismus und Anarchismus. Mit dem Ziel eine Siedlung zu gründen, zogen der belgische Industriellensohn Henri Oedenkoven (1875–1935), die Klavierlehrerin Ida Hofmann (1864–1926), Idas Schwester, die Sängerin Jenny Hofmann (1863–?), die Beamtentochter Lotte Hattemer (1876–1906), der ehemalige Offizier Karl Gräser (1875–1920) und sein Bruder, der Künstler und spätere Wanderprediger Gusto (Gustav Arthur) Gräser (1879–1958) in die Schweiz. Sie fanden auf einem Hügel bei Ascona den Platz für ihre Unter-

◀ DAS EHEMALIGE WOHNHAUS VON HENRI OEDENKOVEN UND IDA HOFMANN „CASA ANATTA“

V.L. GUSTO GRÄSER, MONTE VERITÀ (UM 1906), HENRI OEDENKOVEN & IDA HOFMANN, BEWOHNER UND GÄSTE BEI DER EURYTHMIE, DER SIEDLER RAPHAEL SALOMONSON BEI DER GARTENARBEIT

nehmung. Später bekam der Berg von Oedenkoven den Namen Monte Verità (Wahrheitsberg), was Ida allerdings etwas abschwächte: *„dass wir keines wegs behaupten die warheit gefunden zu haben, monopolisiren zu wolen, sondern dass wir entgegen dem oft lügnerischen gebaren der geschäftswelt, und dem her konvenzioneler forurteile der geselschaft, danach streben, in wort und tat war zu sein, der lüge zur fernichtung, der warheit zum sige zu ferhelfen“*. Hofmann schrieb, wie auch der Wanderprediger Gustaf Nagel (1874–1952) aus Arendsee, in einer eigens reformierten Orthographie.

In der Gegend lebten schon einige ‚Aussteiger‘ und es gab vegetarische Pensionen. Die Gruppe erwarb einige Hektar Land und begann mit der Urbarmachung des Terrains. Die ersten Licht-Luft-Hütten wurden errichtet, Obstbäume gepflanzt. Sehr schnell kamen allerdings auch die unterschiedlichen Vorstellungen der ‚Siedler‘ zum Vorschein. Oedenkoven und Hofmann wollten eine Naturheilanstalt und andere Unternehmungen errichten, um so ihre Existenz auch materiell abzusichern, die Totalaussteiger Gräser wollten eine autarke Kolonie ‚sich selbst genügender Menschen‘ ohne Technik und kommerzielle Ambitionen aufbauen. Innerhalb kurzer Zeit zerfiel die Gruppe. Karl zog sich mit Jenny auf ein Grundstück unterhalb von Oedenkovens zurück, Lotte in ein altes verfallenes Steinhaus. Gusto, oft auf Wanderschaft, zog abseits des Berges in eine Höhle nahe Arcegno.

Oedenkoven und Hofmann trieben ihr Projekt energisch voran. Man baute ein Zentralhaus, Unterkünfte für die ‚Kurgäste‘, legte elektrisches Licht, rührte kräftig die Werbetrommel und der Sanatoriumsbetrieb konnte bald aufgenommen werden. Die Zahl der Siedler war 1903 auf circa vierzig angewachsen.

Das Siedlungsprojekt hatte sich inzwischen herumgesprochen und der Berg bekam reichlich Besucher, allerdings nicht nur von Gleichgesinnten. Touristen, Schnor-

AUSSTELLUNGSSTÜCK IN EINER DER ERHALTENEN LICHT-LUFT HÜTTEN AUF DEM MONTE VERITÀ ▶

»DAS GLÄTTEN DER WÄSCHE DURCH STAHL UND HITZE IST DURCHAUS UNNÖTIG
ICH PFLEGE MEINE WÄSCHE SCHON SEIT JAHREN NUR ZU RECKEN UND ZU FALTEN...
ZUR ERREICHUNG GRÖSSERER
FREIHEIT IN DES HAUSES OFT
MÜHSELIGSTER VERWALTUNG
KANN ICH NICHT UMHIN, AUF D
AS SO NÖTIG GEWORDENE LETZT
E MITTEL NACH JAHRELANGEM
FRUCHTLOSEM KAMPFE HINZU
WEISEN:– ES IST DER STREIK
IN FÄLLEN UNNACHGIEBIGSTEN
VORURTEILS ZU UNGUNSTEN
DER FRAU, DER STREIK ABER
AUCH IN FÄLLEN UNNACHGIEBIG
STER FORDERUNGEN ZUR BEFRIE
DIGUNG WEIBLICHER EITELKEIT
ZU UNGUNSTEN DES MANNES.«

rer und Spinner verwickelten die Siedler in lange Gespräche und hielten sie von der Arbeit ab. Da es keine verbindliche Gemeinschaftsordnung gab, war es auch schwer möglich, Neuankömmlinge und Besucher, die sich nicht dem Gemeinwohl verpflichtet fühlten, abzuweisen oder von der Kolonie auszuschließen. Auf dem Berg herrschten Unordnung und eine schlecht verstandene Anarchie, so Ida Hofmann.

1905 gründeten Oedenkoven und Hofmann die „Vegetabilische Gesellschaft Monte Verità“, ein weiterer Schritt zur Kommerzialisierung des Unternehmens. Eine Anzeige in der VEGETARISCHEN WARTE aus dem Jahre 1907 betont, daß es sich auf dem Berg um keine Kolonie handelt. Schon ein Jahr zuvor hatte sich Oedenkoven in der Zeitschrift GESUNDHEIT von den anderen Siedlern distanziert: *„Der Leiter und Besitzer der Naturheilanstalt Monte Verita (...) gibt zur Eröffnung seiner Winterkursaison bekannt, daß die vielen Zeitungsberichte über eine Kolonie Vegetarier oder Naturmenschen am Monte Verita oder dessen Umgebung am Lagio Maggiore auf einem Irrtume beruhen, jedenfalls mit seiner Heilanstalt nicht zu tun haben, die allein den Namen Monte Verita trägt. Diese Berichte und Plaudereien befassen sich oft mit einigen wenigen zerstreut lebenden Deutschen, die in Tracht und Lebensgewohnheiten recht rückständig sind und fälschlich Vegetarier genannt werden. Mit dem Monte Verita stehen diese Menschen in keinem Verkehre. Der Monte Verita ist durchaus modern eingerichtet und für den Winterkurbetrieb neu eröffnet.“*

1904 hielt sich der Berliner Arzt und ehemalige Sozialdemokrat Raphael Friedeberg (1863–1940), inzwischen Anarcho-Sozialist, wie er sich selbst bezeichnete, im Sanatorium auf, um einige Krankheiten auszukurieren. Auf seine Einladung hin kamen Erich Mühsam (1878–1934) und Johannes Nohl (1882–1963) nach Ascona. Friedeberg empfahl ihnen einen Aufenthalt in Oedenkovens Sanatorium. Mit der asketischen Lebensweise kam der Bohemien Mühsam allerdings überhaupt nicht zurecht. Das Sanatorium wurde für ihn schnell zum „Salatorium“. In seiner 1905 erschienenen Broschüre ASCONA, eines der frühen Zeugnisse der Geschichte des Monte Verità, schrieb er dazu: *„Der Vegetarismus wurde zu einer menschheitsbefreienden Idee aufgepustet, und als die Beteiligten aus dieser recht irrelevanten Weltanschauung heraus ihre sozialen Träume nicht verwirklichen konnten, versuchte man es mit der ganz unmöglichen Verquickung eines ethischen Prinzips mit einem kapitalistischen Spekulationsunternehmen.“* und legte spöttisch mit einem alkoholfreien Trinklied nach: dem GESANG DER VEGETARIER.

Wir essen Salat, ja wir essen Salat
Und essen Gemüse früh und spat.
Auch Früchte gehören zu unsrer Diät.
Was sonst noch wächst, wird alles verschmäht.
Wir essen Salat, ja wir essen Salat
Und essen Gemüse früh und spat.

Wir sonnen den Leib, ja wir sonnen den Leib,
Das ist unser einziger Zeitvertreib.
Doch manchmal spaddeln wir auch im Teich,
Das kräftigt den Körper und wäscht ihn zugleich
Wir sonnen den Leib und wir baden den Leib,
Das ist unser einziger Zeitvertreib.

Wir hassen das Fleisch, ja wir hassen das Fleisch
Und die Milch und die Eier und lieben keusch.
Die Leichenfresser sind dumm und roh,
Das Schweinevieh – das ist ebenso.
Wir hassen das Fleisch, ja wir hassen das Fleisch
Und die Milch und die Eier und lieben keusch.

Wir trinken keinen Sprit, nein wir trinken keinen Sprit,
Denn der wirkt verderblich auf das Gemüt.
Gemüse und Früchte sind flüssig genug,
Drum trinken wir nichts und sind doch sehr klug.
Wir trinken keinen Sprit, nein wir trinken keinen Sprit,
Denn der wirkt verderblich auf das Gemüt.

Wir rauchen nicht Taback, nein wir rauchen nicht Taback,
Das tut nur das scheussliche Sündenpack.
Wir setzen uns lieber auf das Gesäss
Und leben gesund und naturgemäss.
Wir rauchen nicht Taback, nein wir rauchen nicht Taback,
Das tut nur das scheussliche Sündenpack.

Wir essen Salat, ja wir essen Salat
Und essen Gemüse früh und spat.
Und schimpft ihr den Vegetarier einen Tropf,
So schmeissen wir euch eine Walnuss an den Kopf.
Wir essen Salat, ja wir essen Salat
Und essen Gemüse früh und spät.

Mit der Zeit siedelten sich weitere Gemeinschaften, wie die Vegetarier-Kolonie „Heidelbeere" des Tolstoianhängers Vladimir Straskraba (1852–1932) in Ascona an, aber auch immer mehr Intellktuelle und Künstler mit teils sehr utopischen Plänen wurden vom Berg angezogen. So plante der Psychoanalyst Otto Gross (1877–1920), der sich zum Drogenentzug im Sanatorium aufhielt, eine „Hochschule zur Befreiung der Menschheit" zu errichten. Weitere bekannte Besucher waren die Schriftsteller Emil Ludwig (1881–1948), Bruno Goetz (1885–1954), Leonard Frank (1882–1961), Magnus Schwantje (1877–1959), die Maler Fidus (1868–1948) und Alexander Wilhelm de Beauclair (1877–1962), um nur einige zu nennen. Letzterer arbeitete eine zeitlang als Sekretär für Oedenkoven und blieb bis zu seinem Tod in Ascona.

Auch Hermann Hesse (1877–1962) hielt sich 1907 zu einer Alkoholentziehungskur im Sanatorium auf. Während dieses Aufenthaltes verbrachte Hesse eine kurze

Zeit in Gräsers Felsenhöhle in Arcegno. Gusto, den es nie lange am Berg hielt, ging wieder auf Wanderschaft. In München lernte er Elisabeth Dörr (1874–1955) kennen, mit der er fortan in freier Ehe lebte. 1909 besuchte er den naturalistischen Schriftsteller Johannes Schlaf (1862–1941), der Walt Whitmans (1819–1892) GRASHALME ins Deutsche übersetzt hatte. In ihm fand er einen Freund und Förderer. 1915 wurde er nach Österreich ausgewiesen und dort wegen Kriegsdienstverweigerung zum Tode verurteilt. Gräser landete schließlich in einer Irrenanstalt. 1916 kehrte er auf den Berg zurück. In diese Zeit fiel eine Intensivierung der Beziehung zu Hesse, dessen Werke zum Teil von Gräser inspiriert wurden. Ein weiterer Literat, Oskar Maria Graf (1894–1967), verbrachte mit dem Maler Georg Schrimpf (1889–1938) 1913 einige Zeit in Ascona.

▼ DAS SOGENANNTE „RUSSENHAUS“

Unter anderem arbeiteten sie bei Karl Gräser, was beide nicht glücklich machte, da Gräser, der die Geldwirtschaft ablehnte, in Naturalien zahlte.

Der Berg zog auch die Tanzpioniere der damaligen Zeit an. Der Musikpädagoge Emile Jaques-Dalcroze (1865–1950) kurte 1907 für drei Monate auf dem Berg, die Tänzerin Isadora Duncan (1877–1927) kam 1913. Im selben Jahr gründete der in München lebende Ungar Rudolf von Laban (1879–1958) die „Schule für Kunst der Cooperative individuelle des Monte Verità“, eine Art Sommerschule seiner Münchner Schule für freien Tanz. Bekannteste Teilnehmer dieser Sommerkurse waren Mary Wigman (1886–1973) und Sophie Täuber (1889–1943). Anläßlich eines Kongresses im Jahr 1917 führte die Laban-Schule auf dem Monte Verità das Tanzdrama SANG DER SONNE auf.

Im Ersten Weltkrieg kamen mehr und mehr Emigranten und Flüchtlinge aus den kriegführenden Staaten in die Schweiz und auch ins Tessin: Ernst Bloch (1885–1975), der hier Teile von GEIST DER UTOPIE schrieb, der Dadaist Hugo Ball (1866–1927), Emmy Hennings (1885– 1948), Friedrich Glauser (1896–1936), Yvan Goll (1891– 1950), Claire Goll (1890–1977), um nur einige zu nennen. 1919 bestieg Gerhart Hauptmann den Berg und traf dort auf den Siedler Karl Vester (1879–1963), – „ein warhaft Fester“ so Ida Hofmann – der bis zu seinem Lebensende ‚seinen Weg‘ auf dem Berg lebte.

Die Entwicklung zum Künstlerort begründeten dann unter anderem die Maler Hans Arp (1886–1966), Alexej von Jawlensky (1864–1941) und Marianne von Werefkin (1860–1938), die hier auch an der Gründung der Künstlergruppe GROSSER BÄR beteiligt war.

Doch zurück zu den Gründern. Henri Oedenkoven, inzwischen mit einer Engländerin verheiratet, und Ida Hofmann wanderten 1920 nach Brasilien aus. Der Sanatoriumsbetrieb wurde schon Jahre zuvor eingestellt. Lotte Hattemer starb bereits 1906 unter mysteriösen Umständen, Karl Gräser im Jahr 1920, Jennys Todesdatum ist nicht bekannt. Gusto wurde 1919 aus der Schweiz ausgewiesen und wanderte mit seiner ‚Familie‘, – nach der Trennung von Elisabeth – allein oder mit Gleichgesinnten durch Deutschland. Er trug Gedichte vor, initierte öffentliche Gespräche und verteilte und verkaufte seine Schriften. Seine Ausweisung aus dem Deutschen Reich wurde durch das Eintreten namhafter Schriftsteller abgewendet. 1927 arbeitete Gusto in Ernst Friedrichs (1894–1964) Antikriegsmuseum in Berlin. Unstet auf Wanderschaft wurde er nach

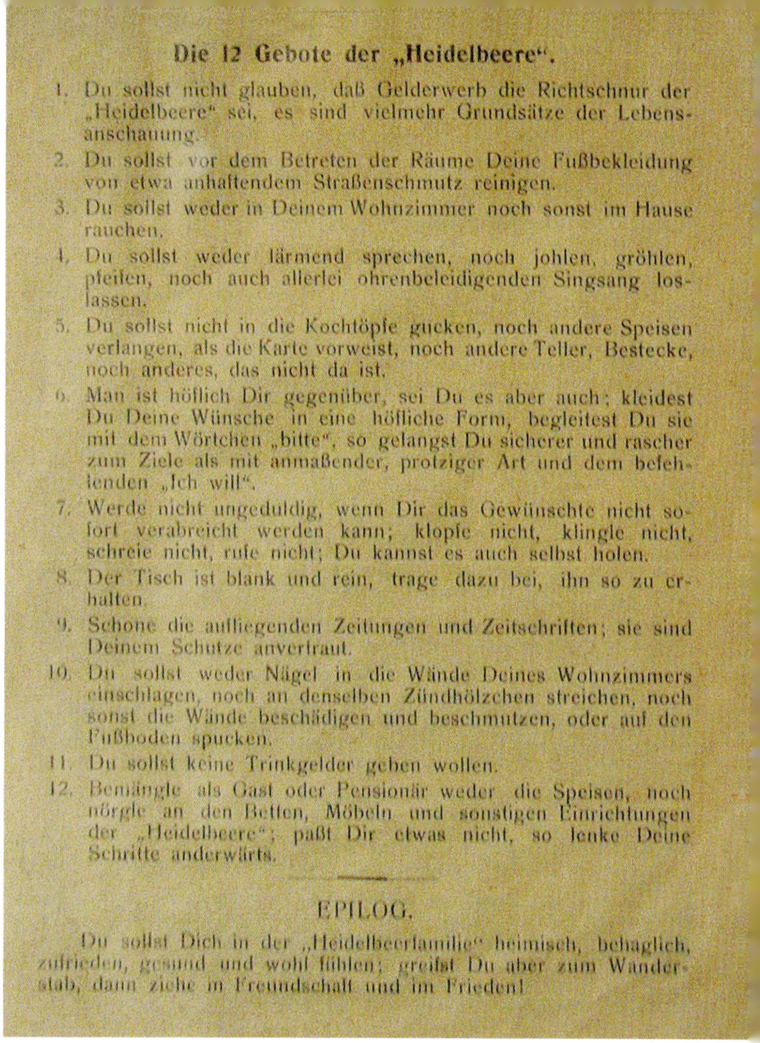

Die 12 Gebote der „Heidelbeere“.

1. Du sollst nicht glauben, daß Gelderwerb die Richtschnur der „Heidelbeere“ sei, es sind vielmehr Grundsätze der Lebensanschauung.
2. Du sollst vor dem Betreten der Räume Deine Fußbekleidung von etwa anhaftendem Straßenschmutz reinigen.
3. Du sollst weder in Deinem Wohnzimmer noch sonst im Hause rauchen.
4. Du sollst weder lärmend sprechen, noch johlen, gröhlen, pfeifen, noch auch allerlei ohrenbeleidigenden Singsang loslassen.
5. Du sollst nicht in die Kochtöpfe gucken, noch andere Speisen verlangen, als die Karte vorweist, noch andere Teller, Bestecke, noch anderes, das nicht da ist.
6. Man ist höflich Dir gegenüber, sei Du es aber auch; kleidest Du Deine Wünsche in eine höfliche Form, begleitest Du sie mit dem Wörtchen „bitte“, so gelangst Du sicherer und rascher zum Ziele als mit anmaßender, protziger Art und dem befehlenden „Ich will“.
7. Werde nicht ungeduldig, wenn Dir das Gewünschte nicht sofort verabreicht werden kann; klopfe nicht, klingle nicht, schreie nicht, rufe nicht; Du kannst es auch selbst holen.
8. Der Tisch ist blank und rein, trage dazu bei, ihn so zu erhalten.
9. Schone die aufliegenden Zeitungen und Zeitschriften; sie sind Deinem Schutze anvertraut.
10. Du sollst weder Nägel in die Wände Deines Wohnzimmers einschlagen, noch an denselben Zündhölzchen streichen, noch sonst die Wände beschädigen und beschmutzen, oder auf den Fußboden spucken.
11. Du sollst keine Trinkgelder geben wollen.
12. Bemängle als Gast oder Pensionär weder die Speisen, noch nörgle an den Betten, Möbeln und sonstigen Einrichtungen der „Heidelbeere“; paßt Dir etwas nicht, so lenke Deine Schritte anderwärts.

EPILOG.

Du sollst Dich in der „Heidelbeerfamilie“ heimisch, behaglich, zufrieden, gesund und wohl fühlen; greifst Du aber zum Wanderstab, dann ziehe in Freundschaft und im Frieden!

▲ DIE GEBOTE DER KOLONIE „HEIDELBEERE“

1933 mehrmals inhaftiert, wieder freigelassen, schließlich mit Schreibverbot belegt. 1940 zog er sich nach München in eine Dachkammer zurück. Dort überlebte er den Krieg. Gusto Gräser starb 1958 vereinsamt in Freimann bei München.

Die Koloniegründungsversuche in Ascona und Umgebung setzten sich auch in den zwanziger Jahren fort. Margarethe Faas-Hardegger (1882–1963), eine Landauer-Anhängerin, gründete das „Phalanstere Villino Graziella“ in Minusio. Fritz Jordi (1885–1938), der eine Zeitlang in der Kommune Barkenhoff bei Worpswede lebte, gründete 1928 eine weitere Kolonie, die „Fontana Martina“, in der sich unter anderem Heinrich Vogeler (1872–1942), Carl Meffert (1903–1989), Gustav Regler (1898–1963), Paul Klee (1879–1940) sowie Else Lasker-Schüler aufhielten. Langfristig scheiterten beide Projekte an mangelndem Zuspruch.

Die Machtübernahme der Nationalsozialisten in Deutschland und der spätere Anschluß Österreichs trieb wieder eine ganze Reihe Künstler ins Schweizer Exil, von denen einige wie Erich-Maria Remarque (1898–1970), Georg Kaiser (1878–1945) oder Kurt Held (1897–1959) im Tessin blieben .

Der Monte Verità wurde 1926 von dem Baron Eduard von der Heydt (1882–1964) erworben. Werefkin hatte den Kunstsammler auf den Berg und seine Geschichte aufmerksam gemacht. Heydt ließ von dem Architekten Emil Fahrenkamp (1885–1966) an der Stelle des Sanatoriums einen Hotelkomplex im Bauhausstil errichten, erhielt aber ansonsten die Ursprünglichkeit des Geländes. Nach seinem Tod ging das Areal in den Besitz des Kanton Tessin über und wird bis heute für Kongresse und Kulturveranstaltungen genutzt.

Mit der Entstehung der neuen sozialen Bewegung in den 1960/1970er Jahren rückten Themen wie alternatives Leben, Ökologie, freie Liebe, Anarchismus wieder ins Blickfeld – Themen mit denen sich auch die Monteveritianer um die Gräsers schon Jahrzehnte vorher auseinandergesetzt hatten. So erfuhr die Geschichte des Berges und seiner Protagonisten eine Renaissance.

Dem Schweizer Museumsleiter und Kurator Harald Szeemann (1933–2005) ist die eindrucksvolle Ausstellung „Mamelle delle verità“ zu verdanken, die umfassend über die Geschichte des Berges informiert und mit großem Erfolg in Zürich, Berlin, Wien und München gezeigt wurde. Heute wird sie von einer Stiftung verwaltet und ist als Daueraustellung im Casa Anatta zu sehen. Aufgrund umfangreicher Sanierungsarbeiten an den Ausstellungsgebäuden ist sie zur Zeit allerdings geschlossen. Die Wiedereröffnung ist für das Jahr 2013 geplant.

ARPS „ROUE ORIFLAMME“ AUF DEM MONTE VERITÀ ▶

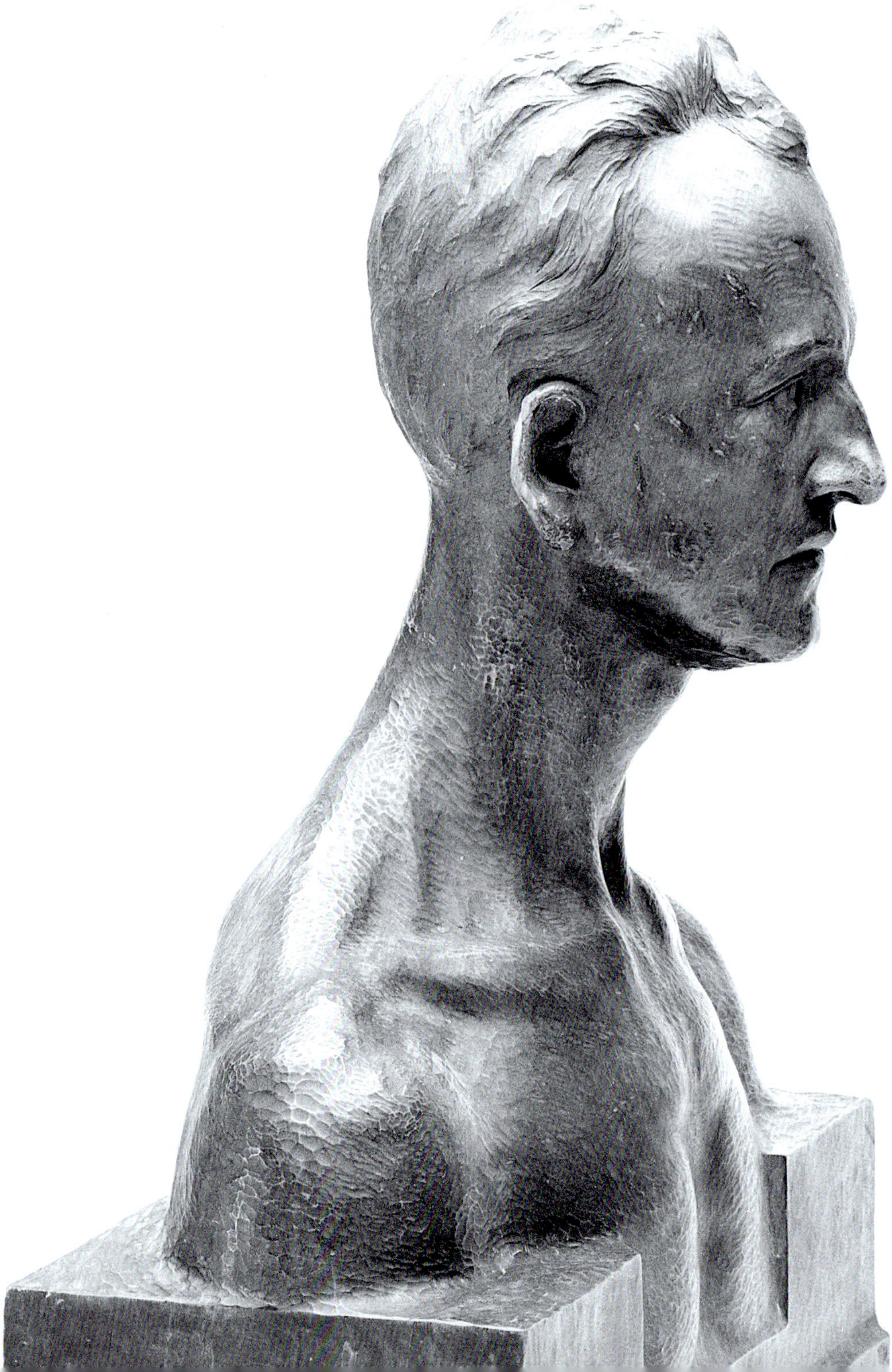

Mit einem Sprung zurück ins achtzehnte Jahrhundert läßt sich ganz gut zeigen, daß durch moderne Künstler auch immer wieder an ihre Vorgänger erinnert wird. Einer von ihnen war Oskar Kruse; er kaufte einen alten Kachelofen, um ihn in seiner Hiddenseer Burg im Schlafzimmer aufzustellen. Wahrscheinlich wurde der Ofen in der Stralsunder Fayencefabrik hergestellt, die Joachim Ulrich Giese (1719–1779) gehörte.

1754 erwarb der Stralsunder Kaufmannssohn die Insel Hiddensee. Er hatte wohl vom Vater das kaufmännische Geschick und von der Familie der Mutter die Neigung zur Kunst und zum Kunstgewerbe geerbt. Durch diese Eigenschaften trug Giese beträchtlich zur Entwicklung der Kulturgeschichte Hiddensees bei. Als an der Nordwestküste Tonerde entdeckt wurde, ließ er sie in großem Stile abbauen. Sie eignete sich zur Herstellung einer besonderen Keramik, Fayencen genannt. Für diese Tonwaren bestanden damals gute Absatzmöglichkeiten, denn Porzellan wurde in noch nicht ausreichender Menge gefertigt und war für viele zu teuer. Einen der größten keramischen Betriebe an der Ostseeküste ließ Giese in Stralsund erbauen. Geschlämmt wurde der Ton auf der Insel, während die Fertigung der Tonwaren in Stralsund vonstatten ging. Im Hiddenseer Herrenhaus der Gieses waren die Wände eines Zimmers komplett mit Fayencekacheln bekleidet, bemalt mit Vogel- und Schmetterlingsmotiven.

Mit anderen Prominenten kam auch der Architekt Hermann Muthesius (1862–1927) auf die Insel. Er kaufte Land und baute 1912 in Vitte am Süderende ein Bauernhaus aus, um es als Begegnungsstätte für Künstler herzurichten. Seine Frau Anna (1870–1961), künstlerisch vielseitig begabt, förderte mit ihren musikalischen Abenden das kulturelle und geistige Leben Hiddensees.

Asta Nielsen (1881–1972) bezog 1928 den 1922 vom Architekten Max Taut (1884–1967) für die Familie des kaufmännischen Direktors Richard Müller in Vitte ent-

◀ MAX KRUSE: DIE BÜSTE GERHART HAUPTMANNS

▼ DAS „KARUSEL" (1928)

worfenen geschwungenen Rundbau und nannte es „Karusel“ (in dänischer Schreibweise). Hier empfing Asta ihre Gäste. Sie servierte typische lokale Lecker-

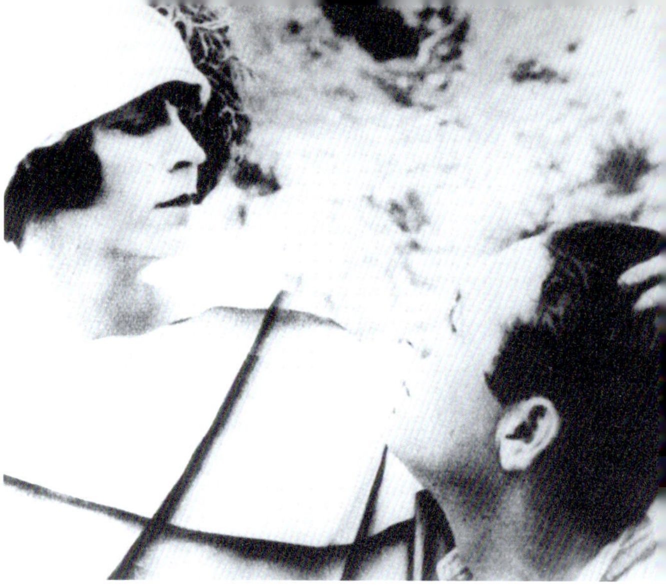

▲ ASTA NIELSEN UND GRIGORI CHMARA (DER RUSSE)

bissen, wie den Räucheraal der Fischer oder Naschwerk von der Inselbäckerei. Als Dankeschön ließ sie sich gern eine Pflanze für den Garten mitbringen. Ringelnatz und seine Frau, die von ihm Muschelkalk genannt wurde, legten Steinwege aus Strandgut an. Dabei nahmen sie unbemerkt dem einen oder anderen Pflänzchen die Lebenskraft, obwohl sie doch nur gestalterisch wirken wollten.

Das „Karusel“ bildete den Mittelpunkt geselligen Beisammenseins von Schriftstellern, Schauspielern, Malern und Dichtern bis die ungekrönte Stummfilmkönigin 1936 nach Dänemark zurückkehrte.

◀ ASTA NIELSEN VORM KARUSEL

„Unter einem unfaßbar hohen und blauen Himmel, in Licht und Farben getaucht, die hier noch leuchtender waren als an anderen Orten des Nordens, die ich kenne, liegt die schmale, primitive Insel wie eine Oase in der Ostsee."

[Asta Nielsen: DIE SCHWEIGENDE MUSE, Henschel-Verlag, Berlin 1977, S. 366]

▼ASTA NIELSEN IM GESPRÄCH MIT HEINRICH GEORGE

Die dänische Schauspielerin verbrachte ihre Kindheit und Jugend in größter Armut. Doch die dominante und strenge Mutter verstand es geschickt, das Beste aus den ärmlichen Lebensverhältnissen zu machen. Die gebürtige Kopenhagenerin verlor ihren gutmütigen Vater, durch eine schwere Krankheit, als sie vierzehn Jahre alt war. Ein schwerer Verlust, denn er war ein entscheidendes Korrektiv zur energischen Mutter. Früh zog es Asta zum Theater. Sie spielte an verschiedenen Häusern, war mit einem Tourneetheater unterwegs, wurde aber nie in Hauptrollen besetzt. Als sie dem Bühnenbildner Urban Gad (1879–1947) begegnete, kamen beide auf die Idee, einen Film zu drehen. Gad schrieb das Drehbuch und arbeitete als Regisseur. Sie bekam nun ihre erste Hauptrolle in AFGRUNDEN (1910) und die verdiente Anerkennung. Beiden wurde gleich ein Vertrag zur Produktion von mehreren Filmen in Deutschland angeboten, der aufgrund des einsetzenden Erfolges bis 1915 verlängert wurde. 1912 heirateten sie. Anfangs drehte sie ausschließlich mit ihrem Ehemann. Meist spielte sie konfliktbeladene Frauen, deren Lebenswege nicht den gesellschaftlichen Konventionen entsprachen, zum Beispiel in DER FREMDE VOGEL (1911) oder die ARME JENNY (1912). Sie hatte aber auch Talent für komische Rollen. Nach dem Ersten Weltkrieg ist sie vor allem in Literarurverfilmungen zu sehen gewesen.

Wo immer sie auftrat, wurde die Stummfilmkünstlerin vom Publikum bejubelt. Sie bestimmte sogar die Mode und galt als Inbegriff der selbständigen Frau. Im Jahr 1932 wirkte sie bei einem Tonfilm mit, aber ihre Filmkarriere endete damit. Ihr gekonntes Mienenspiel war unwichtig geworden. Obwohl sie eine angenehme Stimme hatte, ging sie in diesem neuen Medium

▲ DAS „KARUSEL“ 2010 VOR DER SANIERUNG

unter. Ihre Leidenschaft im gesprochenen Wort galt nun wieder dem Theater.

1933 wurde die Stimmung auf der Insel Hiddensee für sie bedrückend, denn nur wenige ihrer früheren Besucher konnten aus politischen oder finanziellen Gründen noch verreisen. Das gesellige Leben im und um das „Karusel“ fand nur noch sehr ausgedünnt statt. Die gewitzten, manchmal verschroben wirkenden Künstlertypen wichen mehr und mehr dem Urlauber, der zu den Mitläufern der Nationalsozialisten avancierte. Asta Nielsen, in Dänemark geboren, in Schweden aufgewachsen, durch ihre Arbeit in Deutschland bekannt, ging schweren Herzens fort aus einem Land, das ihr in einem Vierteljahrhundert zur zweiten Heimat geworden, als Diktatur für sie aber inakzeptabel war.

Die Künstlerin veröffentlichte 1946 ihre Memoiren unter dem Titel DIE SCHWEIGENDE MUSE. Als 86-Jährige führte sie erstmals auch Regie. Nachdem sie einen Film über ihr Leben nicht billigen konnte, machte sie sich selbst daran und hatte Erfolg. Mit einundneunzig Jahren verstarb die Schauspielerin nach einem spannungsreichen, erfüllten Leben.

▲ ASTA NIELSEN UND JOACHIM RINGELNATZ

Joachim Ringelnatz (1883–1934) gehörte zu ihren langjährigen Freunden. Der Schriftsteller besuchte sie im Jahr 1929 auf Hiddensee. Er verfaßte, wie viele andere auch, Gedichte über die Insel. Das Kabarett war seine Lebensgrundlage. Leidenschaftlich trat er als dichtender Matrose auf und trug seine Verse in singendem Rhythmus vor. Seit dem Machtantritt der Nationalsozialisten wurden seine Vorstellungen jedoch regelmäßig öffentlich verschmäht und abgebrochen. Er bekam Auftrittsverbot. Bis dahin aber trat das Multitalent in vielen deutschen Städten auf.

Eine Werbe-Photographie zeigt den lächelnden Poeten mit der dänischen Stummfilmdiva, die frech in die Kamera blickt.

Joachim Ringelnatz

Insel Hiddensee

Kühe weiden bis zum Rande
Großer Tümpel, wo im Röhricht
Kiebitz ostert. – Nackt im Sande
Purzeln Menschen selig töricht.

Und des Leuchtturms Strahlen segnen
Eine freundliche Gesundheit.

Andrerseits: Vor steiler Küste
Stürmen Wellen an und fliehen.
Nach dem hohen Walde ziehen
Butterbrote und Gelüste.

Fischerhütten, schöne Villen
Grüßen sich vernünftig freundlich.

Steht ein Häuschen in der Mitte,
Rund und rührend zum Verlieben.
„Karusel“ steht angeschrieben.
Dieses Häuschen zählt zu Vitte.

Asta Nielsen – Grischa Chmara,
Unsre Dänin, und der Russe.

Auf dem Schaukelpolster wiegen
Sich zwei Künstler deutsch umschlungen.
Gar kein Schutzmann kommt gesprungen.
Doch im Bernstein träumen Fliegen.

Um die Insel rudern, dampfen,
Treiben, kämpfen Boote, Bötchen.

▲ ELISABETH BÜCHSEL: NEUENDORF

Die später als Hiddenseemalerin bekannte Elisabeth Büchsel (1867–1957) entdeckte 1904 das Eiland für sich. Sie blieb bis an ihr Lebensende von dieser einmaligen Landschaft verzaubert. Über ein halbes Jahrhundert: Sommer für Sommer, oft bis tief in den Herbst hinein, verbrachte sie auf Hiddensee.

Ihre Bilder erzählen ausnahmslos von dem ungeheuren Reichtum der Inselnatur. Gern portraitierte sie auch Kinder, wobei es ihr immer wieder gelang, ihnen das Stillsitzen zu erleichtern, indem sie mit ihnen sang oder ihnen auch Zettel und Stift in die Hand drückte. Einige ihrer Bilder sind heute noch in manchem Hid-

▲ ELISABETH BÜCHSEL: FISCHERFRAUEN IN TYPISCHER TRACHT

▲ ELISABETH BÜCHSEL: INSELBLICK MIT GINSTER

▲ ELISABETH BÜCHSEL: PORTRAIT (1925)

▲ ELISABETH BÜCHSEL: PORTRAIT, (1921)

denseer Haushalt zu finden. Dichter und Schauspieler, Musiker und Gelehrte zählte sie zu ihren Gästen; im Winter auch in iher Wohnung in Stralsund. Seit 1915 lebte Familie Büchsel in der zum Wohnhaus umgebauten ehemaligen Schloßbrauerei, heute als Schloß am Sund bekannt.

Kurz nachdem die „Lietzenburg“ entstanden war, und die Büchsel bereits mit ihrer Staffelei über die Insel zog, ließ die Malerin, Schriftstellerin und Musikerin Henni Lehmann (1887–1937) zusammen mit ihrem Mann, dem Geheimrat und Justizprofessor Karl Lehmann, am Norderende in Vitte ein Haus erbauen. Den

▲ CLARA ARNHEIM (MITTE) IM HAUS DER FAMILIE SCHWARTZ

▲ HENNI LEHMANN

Auftrag erteilten sie dem Architekten Paul Ehmig (1874–1938), der auf Wunsch der Künstlerin ein sich in die Umgebung einfügendes Haus konzipierte.

Dort verbrachte die Familie seit 1907 die Sommermonate. Aus der Scheune der Bäckerei Schwartz machten sie ein Arbeits- und Ausstellungshaus. Die Außenwände dieses Lehmbaues erhielten einen blauen Anstrich und besitzen ihn bis heute. Hier malte, dichtete und musizierte die vielseitig begabte Künstlerin. Schräg gegenüber, direkt bei der Bäckerfamilie, fand Clara Arnheim (1865–1942) Quartier für ihre Arbeitsaufenthalte.

DIE BLAUE SCHEUNE (UM 1930) ▶

Ungefähr zur gleichen Zeit lernten sich die Malerin Büchsel und die Allroundkünstlerin Lehmann kennen. Auch Käthe Loewenthal (1877–1942) entdeckte um die Zeit die Reize der Insellandschaft immer mehr für sich. Sie verschrieb sich ganz und gar der Kunst, ihre wichtigsten Themen fand sie in der Natur und deren mythischer Überhöhung. Menschen spielten darin eine untergeordnete Rolle.

▲ CLARA ARNHEIM: SEGELBOOT VOR HIDDENSEE

▲ CLARA ARNHEIM: WESTSTRAND MIT SEGELBOOTEN

In ihren gezeichneten Meerlandschaften wie Fischer am Strand von Vitte auf Hiddensee sind kalligraphische Linien ein markantes Merkmal. Deutlich ist die Silhouette Hiddensees zu erkennen. Malerkollegin und Schwester Susanne Ritscher (1886–1975) erwarb von dem Geld, das sie durch den Verkauf ihrer Bilder verdient hatte, eine Fischerhaushälfte auf Hiddensee. Für die Familie Loewenthal wurde dieser Ort nun zum jährlichen Treffpunkt. Das künstlerische Milieu der Insel bot gerade emanzipierten Frauen dieser Generation Möglichkeiten, sich mehr zu entfalten und sich durch Ausstellungen etwas zum Lebensunterhalt dazu zu verdienen.

▲ RITSCHERS FISCHERHAUSHÄLFTE AUF HIDDENSEE

▲ SUSANNE RITSCHER VOR DEM HIDDENSEER HÄUSCHEN

▲ KÄTHE LOEWENTHAL: SEGELBOOTE VOR HIDDENSEE

▲ KÄTHE LOEWENTHAL: MEERLANDSCHAFT IN GRÜN

▲ KÄTHE LOEWENTHAL: SONNENUNTERGANG VOR HIDDENSEE

▲ KÄTHE LOEWENTHAL: FISCHERBOOTE MIT ROTEN SEGELN

▲ SUSANNNE RITSCHER: BLICK ÜBER DIE DÜNE

▲ SUSANNNE RITSCHER: BLICK ZUR STEILKÜSTE

▲ SUSANNNE RITSCHER: STEILKÜSTE

▲ SUSANNNE RITSCHER: DIE HUCKE

Hiddensoer Künstlerinnenbund

Kunstausstellung / Gemälde / Skizzen / Graphik
Motive von Hiddensoe und der Waterkant

Vitte in der blauen Scheune

Geöffnet Mittwoch und Sonntag von 4–6 Uhr. Sonst nach Meldung in der benachbarten Villa. Eintritt 25 Pfennige.

Dank des Tatendrangs von Henni Lehmann etablierte sich 1922 ein Künstlerinnenbund unter ihrer Leitung. Neben Elisabeth Büchsel gehörten auch die Mitinitiatorin Clara Arnheim und die seit 1912 jedes Jahr auf der Insel malende Käthe Loewenthal diesem ungefähr achtzehn Mitglieder zählenden Kreis an. Jeden Sommer stellten die Künstlerinnen nun ihre Bilder aus, auch zum Verkauf. Sie erhielten Zuspruch, aber bekamen ebenso skeptische Blicke zu spüren. Mit der Zeit wurde die „Blaue Scheune“ ein Anziehungspunkt für viele Kunstfreunde, bis mit den Rassengesetzen der Nationalsozialisten das Schicksal dieser Vereinigung besiegelt wurde, denn etliche der Künstlerinnen waren Jüdinnen.

JULIE WOLFTHORN AUF MOTIVSUCHE ▶

Wie auch Julie Wolfthorn (geborene Wolf, 1864–1944). Sie fand bereits vor 1900 großen Anklang als Portraitkünstlerin. Sie malte zum Beispiel auch den Dichter Gerhart Hauptmann in einem Doppelportrait mit seiner zweiten Frau Margarete Marschalk (1875–1957), das allerdings als verschollen gilt. Außerdem portraitierte sie die Hiddenseebesucher Anna Muthesius, mit der sie eine lebenslange Freundschaft verband, und deren Mann, den Architekten Hermann Muthesius. Ein reizendes Gemälde gibt es von der Tochter des Inselarztes, bei dem Julie Wolfthorn die Kleine überredete, ihren vergötterten braunen Spielzeughund gegen einen weißen Hasen auszutauschen, weil das mehr ihrem Farbkonzept entsprach. Am Gesichtsausdruck des Mädchens sieht man, daß der Hase nicht zu ihren Lieblingen gehören würde.

Sie, Susanne Wandres-Laible, erinnert sich an die Begegnung mit Julie Wolfthorn, als die Künstlerin im Jahre 1924 zu Gast in Vitte war und beschreibt sie als:

„eine eindrucksvolle Persönlichkeit; dunkelhäutig und schwarzhaarig glich sie eher einer Zigeunerin als einer Jüdin. Sie hatte ein wunderbares Kinderbild von meiner Kusine gemalt, und nun sollte auch ich ihr ‚sitzen'."

[Susanne Wandres-Laible: Kindheit im Arzthaus in Vitte 1920–1928]

▲ KATHARINA BAMBERG: STEILUFER

Nach dem Zweiten Weltkrieg diente das Gebäude der Blauen Scheune eine Zeitlang als Lagerraum, bevor es im Jahr 1954 der Maler Günter Fink (1913–2000) kaufte. Er richtete für sich eine Wohnung mit Atelier ein und schuf wieder einen Ausstellungsraum. So setzte er das Erbe des Künstlerinnenbundes auf seine Weise fort. Im

Museum in Kloster wird die Entstehungsgeschichte kurz umrissen. Darüber hinaus kann auf den Spuren der Künstlerinnen gewandert werden.

Noch heute wird der aufmerksame Inselbesucher an den „Hiddenseer Künstlerinnenbund“ erinnert, durch Bilder der Malerinnen. In einigen Hiddenseer Privathaushalten schmücken Aquarelle oder Ölbilder von Elisabeth Büchsel, Clara Arnheim, Katarina Bamberg die Wände der Wohnstuben. Manchmal kamen die Kunstwerke in Familienbesitz, weil einige Künstler ihr Inselquartier mit den damals entstandenen Bildern bezahlten, manchmal packt den einen oder anderen Insulaner auch heute noch die Sammelleidenschaft.

Zeichnungen und ein Gemälde Henni Lehmanns verschönern heute den Eingangsbereich der Insel-Bibliothek.

▲ HENNI LEHMANN: FISCHERSFRAU IM SONNTAGSKLEID

In Erinnerung an die Verdienste der engagierten Künstlerin wurde am 14. Juli 2008 vor dem modernisierten „Henni-Lehmann-Haus“ ein Stolperstein verlegt.

OTTO GEBÜHR VOR SEINEM SOMMERHAUS ▶

Zu denen, die einen Sommersitz auf der Insel erworben hatten, zählten in Kloster außer Gerhart Hauptmann auch der Maler Willy Jaeckel (1888–1944), der freundschaftlichen Kontakt zu Hauptmann unterhielt, sowie Otto Gebühr (1877–1954). Zunächst als Wanderschauspieler unterwegs, bekam er nach wenigen Jahren eine Anstellung beim Stadttheater Görlitz, dann am Königlichen Hoftheater Dresden, danach am Lessingtheater in Berlin, anschließend bei Max Reinhard am Deutschen Theater. Der Schauspieler – bekannt geworden in der Rolle des Preußenkönigs Fridericus Rex – war, wie übrigens auch Oskar Kruse, auf Hiddensee sehr beliebt, denn beide pflegten einen unbefangenen und engen Kontakt mit den Inselbewohnern.

Als vielbeschäftigte Leinwandgröße erholte sich Gebühr in den Drehpausen auf Hiddensee und entdeckte auf der Insel stets neue Besonderheiten. Er beschrieb sie einmal als Zaubergarten, in dem sich der Künstler sowohl ausruhen als auch inspirieren lassen könne. Im Gegensatz zu seiner Schauspielerkollegin Asta Nielsen, die Goebbels ‚einen Korb gab', ließ sich Gebühr allerdings bereitwillig in die Propagandamaschinerie der Nationalsozialisten einspannen.

Die Lyrikerin Mascha Kaléko (1907–1975) war 1930 zu Gast im Hotel „Dornbusch" in Kloster. Schon bei diesem Hiddenseeaufenthalt muß sie die einprägsame Zeile ihres Gedichtes MAN BRAUCHT NUR EINE INSEL im Kopf gehabt haben. Ein Foto zeigt sie dreiundzwanzigjährig, mit wehenden schwarzen Locken, im weißen Hosenanzug, die Fäuste in die Hüften gestemmt, breitbeinig, keck in die Kamera blickend.

Seit ihrer Kindheit, kannte sie das Gefühl Außenseiterin zu sein, denn ihre Familie war aus dem armen Galizien nach Deutschland gekommen. Sie assimilierte sich schnell, besuchte Abendkurse in Philosophie und Psychologie an der Lessing-Hochschule und der Friedrich-Wilhelm-Universität, wurde zur Dichterin der Großstadt, bald beherrschte sie den Berliner Dialekt perfekt, wie bereits in ihren frühen Gedichten nachzulesen ist. Kaleko verkehrte im Romanischen Café wo sie unter anderem auch Else Lasker-Schüler und Ringelnatz kennenlernte. Ihre ersten Gedichte wurden in der Zeitung QUERSCHNITT veröffentlicht. Anfang 1933 erschien ihr erstes Buch DAS LYRISCHE STENOGRAMMHEFT im Verlag von Ernst Rowohlt. Ihr KLEINES LESEBUCH FÜR GROSSE wurde 1935 bei Erscheinen sofort beschlag-

nahmt und sie selbst mit Berufsverbot belegt. Trotz dieser tiefen Einschnitte in ihr Leben wollte sie sich nicht von Berlin trennen.

Nachdem ihre Ehe mit Saul Kaleko 1938 geschieden wurde, heiratete sie den Vater ihres Kindes, den Dirigenten und Musikwissenschaftler Chemjo Vinaver (1895–1973). Ende 1938 emigrierte das Paar mit dem zweijährigen Sohn in die USA. Ihre im Exil erschienen Gedichte zeugen von der Sehnsucht nach ihrer ‚Heimat' Deutschland. 1956 verlegte Rowohlt erneut DAS LYRISCHE STENOGRAMMHEFT und organisierte eine Lesereise durch Deutschland – ein voller Erfolg für Kaleko. 1960 wurde sie für den Fontane-Preis der Akademie der Künste Berlin (West) vorgeschlagen. Kaleko lehnte ab, da in der Jury das ehemalige SS-Mitglied Hans Egon Holthusen saß. Leisetreten wollte sie nicht, wie in dem Gedicht DAS BISSCHEN RUHM nachzulesen ist. Heimisch wurde sie allerdings auch in Israel nicht, wohin sie 1959 mit ihrem Mann auswanderte. Sie fühlte sich genauso isoliert wie schon Else Lasker-Schüler zwanzig Jahre vor ihr. Kaleko starb 1975 bei einem Aufenthalt in Zürich.

Ein weiterer großer Literat weilte einige Jahre zuvor auf der Insel. Thomas Mann (1875–1955), wohnte 1924 gleichzeitig mit Gerhart Hauptmann in der Hotelpension Frau von Sydows. Katia Mann reflektiert diesen Aufenthalt in ihren UNGESCHRIEBENEN MEMOIREN. Familie Mann stieß auf, daß sie im Speisesaal mit den ‚gemeinen' Gästen essen mußten, während Hauptmann köstliche Speisen auf seinem Zimmer serviert wurden. Mit dem Gefühl, daß Hiddensee für zwei ‚Könige' wohl zu klein sei, zog Mann sich für Sommeraufenthalte nach Nidden zurück.

Den im pommerschen Stolp aufgewachsenen Maler und Graphiker George Grosz (1893–1959) schien die Ostsee magisch anzuziehen. In den zwanziger Jahren hielt er sich fast jedes Jahr im Sommer an der Küste auf. Die Sommer 1921 und 1922 verbrachte er auf dem ‚Bernsteineiland', wie der ‚begeisterte Strandburgbauer' Grosz Hiddensee nannte. Eine von Grosz übermalte Ansichtskarte, 1927 abgeschickt, verweist auf seinen letzten Hiddenseeaufenthalt. Er soll die Insel damals als übervölkert empfunden haben.

Zwei Vertreter der 1905 gegründeten Künstlergruppe BRÜCKE ließen sich durch Hiddensees Flair hinreißen. Otto Mueller (1874–1930), im Riesengebirge geboren, zog 1882 zum Vater nach Görlitz. Nach einer zweijährigen Lithographenlehre in Görlitz und Breslau studierte er an der Dresdener Kunstakademie. Trotz Intervention von Gerhart Hauptmann konnte Otto Mueller

1898/1899 seine Studien in München nicht fortsetzen, weil der Kurs schon voll war. Er beschloß, sich autodidaktisch weiterzubilden. Mit dem Fahrrad brach der Künstler im Herbst 1899 nach Dresden auf. Bis 1908 lebte und arbeitete er überwiegend dort. Dann führten ihn seine Wege nach Berlin, wo er die Bekanntschaft von Wilhelm Lehmbruck (1881–1919) und dem BRÜCKE-Künstler Erich Heckel (1883–1970) machte. 1910 trat Mueller ebenfalls der Vereinigung BRÜCKE bei. Obwohl seine künstlerischen Anfänge im JUGENDSTIL lagen, wendete er sich einige Jahre später dem EXPRESSIONISMUS zu. 1901 besuchte er erstmalig „dat söte Länneken". Seit 1907 kehrte der Maler jährlich als Sommerurlauber zurück.

Wie die meisten BRÜCKE-Maler ergründete auch Erich Heckel die von der Zivilisation weitgehend unberührte Natur Hiddensees. Er war der Sohn eines Eisenbahnbau-Ingenieurs. Seine Freundschaft mit Karl Schmidt-Rottluff (1884–1976) begann schon in der Schule. Während des Architekturstudiums lernte er Ernst Ludwig Kirchner (1880–1938) und Fritz Bleyl (1880–1966) kennen, die gleichfalls zu den Gründungsmitgliedern der Künstlergemeinschaft gehörten. Die BRÜCKE-Künstler wollten eine Verbindung verschiedener Stile der bildenden Kunst erschaffen. In den Sommermonaten 1907 und 1908 besuchte Heckel mit Karl Schmidt-Rottluff den Ort Dangast an der Nordsee, 1909 und 1910 mit Ernst Ludwig Kirchner und Max Pechstein (1881–1955) die Moritzburger Teiche. 1912 verbrachte er einen produktiven Sommer auf Hiddensee. Es sollen fünfunddreißig Werke aus dieser Zeit erhalten sein. Einen engen Arbeitskontakt unterhielt Heckel übrigens auch zu Asta Nielsen, die er des öfteren in Holzschnitten, Öl oder Tempera auf der Leinwand darstellte.

Den BRÜCKE-Künstlern nahestehend waren Max Kaus (1891–1977) und Walter Gramatté (1897–1929). Sie verarbeiteten die Insel in ihrer Kunst um 1920 herum unter dem Motto MENSCHEN IN DER NATUR. An Max Kaus erinnert heute eine Gedenktafel an einem der Häuschen auf dem Klausner. Der Maler Ivo Hauptmann (1886–1973), ältester Sohn des Dichters Gerhart Hauptmann, stellte Hiddensee in seinen Werken während der zwanziger und dreißiger Jahre in expressionistischer Manier dar. Er besuchte 1895 gemeinsam mit

▼GEDENKTAFEL BEIM „KLAUSNER" FÜR MAX KAUS

▲ ERICH HECKEL: SELBSTPORTRAIT

seinem Vater zum erstenmal die Insel Hiddensee. Im Sommer 1921 entstanden einige seiner Hiddenseebilder noch im Stil des POINTILLISMUS, einer Form des NEOIMPRESSIONISMUS. Otto Mueller versuchte zwar vergeblich, Ivo Hauptmann zum Beitritt in die BRÜCKE zu bewegen, jedoch näherte der sich im Laufe der Jahre stilistisch dem Jugendfreund an.

Alexander Kanoldt (1881–1939) sah und gestaltete 1927 in seiner Lithographienfolge HIDDENSEE die Insel schon mit den Augen der NEUEN SACHLICHKEIT. Die sich an vielen Stilen orientierende treue Hiddenseebesucherin Elisabeth Büchsel fand eine Nähe zu dieser Arbeitsweise. Nicht zu vergessen Conrad Felixmüller (1897–1977), der im Zusammenhang mit der NEUEN SACHLICHKEIT, neben Otto Dix (1891–1969) der populärste Vertreter dieser Richtung gewesen ist.

Conrad Felixmüller durchstreifte Hiddensee in den Jahren 1917 und 1936. In beiden Jahren brachte er einige Hiddensee-Motive zu Papier. Als Sohn eines Fabrikschmiedes nahm er ab 1911 ersten Malunterricht an der Dresdner Kunstgewerbeschule. Im Gegensatz zu den Akademien war diese Ausbildungsstätte für die mittellosen Schichten und zu deren Vorbereitung auf einen graphischen Beruf gedacht. Mit fünfzehn Jahren trat er der Dresdener Kunstakademie bei. Der Maler wurde schon zu Lebzeiten sehr verehrt. Er pflegte umfang-

PETER AUGUST BÖCKSTIEGEL:
BILDNIS DES MALERS CONRAD FELIXMÜLLER (1914) ▶

Böckstiege
1914.

reiche Kontakte zu Persönlichkeiten des künstlerischen und politischen Lebens. Unter anderem entstanden Portraits des Malers Otto Dix, des Schriftstellers Franz Werfel (1890–1945) und des Komponisten Arnold Schönberg (1874–1951).

Hiddensee wurde in Berlin, wo es immer mehr Künstler hinzog, auch das „Romanische Café unter den Ostsee-Inseln“ genannt. Im Original trafen sich viele Kreative während der kalten Monate und schwärmten von der Naturidylle Hiddensee. Das „söte Länneken“, einst von Malern entdeckt, wurde in den Sommermonaten von bildenden Künstlern, Schriftstellern und Bühnenleuten besiedelt, denn Hiddensee bot sich für Künstler der verschiedenen Kunstrichtungen immer wieder als Motiv an.

Der Physiker Albert Einstein (1879–1955), seit 1919 häufig zu Gast auf der Insel, lud manchmal zu Musikabenden ein. Er verkehrte mit Gerhart Hauptmann und war Gast der Krusefamilie. Die Hauptmanns und die Kruses, der Theaterleiter und Regisseur Max Reinhardt (1873–1943), der Dramatiker und Erzähler Carl Zuckmayer (1896–1977), der Schauspieler Eduard von Winterstein (1871–1960) und noch viele andere genossen im Einklang mit der Natur auf der fast unberührten Insel ihre Ferien.

▲ LOTTE LEHMANN

Die Opernsängerin Lotte Lehmann (1888–1976) besuchte bis 1933 regelmäßig die Insel Hiddensee, entspannte sich in der Ruhe und genoß die Abgeschiedenheit. Sie soll für einen kleinen privaten Kreis ab und an die Abende bei Pastor Arnold Gustavs mit ihrem Gesang bereichert haben.

Adolf Reichwein (1898–1944), Pädagoge und Kulturpolitiker in der Weimarer Republik, bewohnte in den Sommermonaten das „Hexenhaus“ in Vitte. Noch heute wird es die Hälfte des Jahres bewohnt, mittlerweile von der jüngsten Tochter des ermordeten Widerständlers. Sabine Reichwein öffnet seit 2007, am 14. September, zum Tag des Offenen Denkmals für Interessierte die Tür und erzählt einiges aus der Familiengeschichte.

Zuflucht auf Hiddensee suchte Fallada (1893–1947), als er mit der Fertigstellung seines Romans KLEINER MANN – WAS NUN? nicht weiterkam. Er schrieb, wie bei allen seinen Büchern, in einem wahnsinnigen Tempo. Er hatte bereits die Hälfte des Manuskriptes fertig, war aber völlig ausgebrannt. Deshalb faßte er den Entschluß, nach Hiddensee zu fahren, und bezog im Neuendorfer Gasthaus Freese ein Zimmer in der oberen Etage. Er machte Strandspaziergänge, suchte Bernstein und schrieb bis kurz vor Weihnachten den bekannten Arbeitslosenroman zu Ende. Dieser Roman, der die nach dem Ersten Weltkrieg aus den Fugen geratene Welt des ‚kleinen Mannes‘ darstellt, wurde ein Welterfolg. Die Geschichte über den kleinen Angestellten mit Frau und Kind, die in das Elend der Massenarbeitslosigkeit fielen, traf den Nerv der Zeit. Doch schon im September 1934 erhielt Fallada von der „Reichsschrifttumskammer“ die Verweigerung einer Mitgliedschaft, was einem Berufsverbot gleichkam. Er geriet in eine schwere Nervenkrise und floh im Oktober desselben Jahres erneut nach Hiddensee, um sich zu erholen und weiterzuarbeiten.

▼ DAS HEXENHAUS IN VITTE

Der bereits erwähnte Willy Jaeckel bestritt 1913 als ein Vertreter des EXPRESSIONISMUS seine erste Ausstellung mit großem Erfolg in Berlin. Im Laufe der zwanziger Jahre avancierte der Künstler zu einem angesehenen, bekannten Maler. 1907 besuchte er zum erstenmal die Insel Hiddensee. Seit er 1925 ein Sommerquartier in Kloster gemietet hatte, hielt sich der prominente Künstler nun regelmäßig auf der Insel auf. Der begehrte Portraitist und Gastgeber rauschender Künstlerfeste

genoß hohes gesellschaftliches Ansehen. Doch nach der Machtergreifung durch die Nationalsozialisten wurden seine Werke als „entartete Kunst“ diffamiert und aus Ausstellungen entfernt. Auch die Kunstwerke der BRÜCKE-Künstler und die meisten aus der NEUEN SACHLICHKEIT kommende, stufte man so ein.

1937 erwarb Jaeckel ein Haus auf Hiddensee. Dort arbeitete er in den Sommermonaten, in den folgenden Jahren wurde es mehr und mehr zu seinem Rückzugsort. Einen Teil der in Berlin geschaffenen Arbeiten ‚evakuierte‘ Jaeckel auf die Ostseeinsel. Hier haben sie den

▲ WILLY JAECKEL MIT FREUNDEN AUF HIDDENSEE

Der 1997 verstorbene Heimatforscher Kurt Dittmann wertete Gästebücher dieser Zeit von drei Pensionen in Kloster aus. Darin fanden sich die Namen von ca. fünfzig hochrangigen Wissenschaftlern, mehr als zweihundert Malern, Bildhauern, Architekten und hundertfünfzig Schriftstellern, Musikern, Komponisten und Schauspielern. Fast die Hälfte von ihnen mußte Deutschland nach 1933 verlassen, wurde ermordet oder ging in den Freitod.

Krieg überdauert. Viele seiner Arbeiten verbrannten bei dem Bombenangriff Anfang 1944 im Berliner Atelier. Der Maler selbst wurde dabei in einem Berliner Luftschutzkeller verschüttet. Neben Aktbildern hatte er auf Hiddensee Gemälde von Dünen, Wellen und dem Leuchtturm als Wahrzeichen der Insel geschaffen.

Durch die veränderten Machtverhältnisse nach 1933 blieben viele Künstler der Insel fern, gingen ins Exil oder kamen, wie Clara Arnheim, Julie Wolfthorn oder Käthe Loewenthal, in Konzentrationslagern um. Asta Nielsen verließ Deutschland 1936, weil sie mit den neuen Machthabern nichts zu tun haben wollte. Henni Lehmann beging 1937 Selbstmord.

WILLY JAECKEL AM STRAND ▶

Blick vom Bergland auf die Insel

▲ V.L.: ANKUNFT DER POST VON RÜGEN, DAS LETZTE HAUS IN GRIEBEN, DER GASTHOF „SCHLIEKER“ IN KLOSTER.

Im Frühjahr 1939 wurden die Gemeinden Kloster, Vitte und Neuendorf verwaltungsmäßig zur Gemeinde Hiddensee zusammengeschlossen. Das bedeutete weniger Arbeitsaufwand und erleichterte den Hiddenseebesuchern das Anmeldungsprozedere. Aber der Beginn des Zweiten Weltkrieges im selben Jahr verursachte einen Einbruch des Individualtourismus, der sich seit etwa zwanzig Jahren etabliert hatte. Mit dem Kriegsende besetzten sowjetische Truppen am 4. Mai 1945 kampflos die Insel. Die gesprengten Reste einer 1938 gebauten Flakstellung der Wehrmacht am Enddorn waren bis zum Herbst 2002 noch zu sehen. Inzwischen ist alles abgetragen und Sanddornbüsche wachsen an dieser Stelle.

Die Nachkriegszeit brachte mit ihren politischen und gesellschaftlichen Transformationen tiefe Einschnitte mit sich. Im Zuge der Bodenreform 1945 wurden die landwirtschaftlichen Nutzflächen des früheren Gutshofes in Kloster unter achtzehn Neubauern, Umsiedlern und früheren Landarbeitern aufgeteilt. Die Zeit der großen Lebensmittelknappheit ging an vielen nicht spurlos vorüber. Auch die Malerin Elisabeth Büchsel war betroffen. Sie erkrankte, da ihr vom Hunger geschwächter Körper keine Widerstandskraft mehr aufbieten konnte. Nach einem elenden Jahr hatte sich die Büchsel wieder erholt und veranstaltete zu ihrem achtzigsten Geburtstag 1947 ein großes Fest. Sie tauschte ihre

V.L.: NEUENDORF UM 1930, VITTE UM 1902, VITTE AM NORDERENDE UM 1930

ERICH ARENDT (1956) ▶

Bilder gegen Kuchen, Eingemachtes, Holz oder Kohlen ein und genoß ihren Lebensabend, so gut es eben ging.

Obwohl sich die Zeiten gewandelt hatten, gewann Hiddensee als Rückzugs- und Erholungsgebiet wieder an Anziehungskraft. Zudem erklärte die DDR-Regierung Ahrenshoop und Hiddensee nach 1945 zum „Bad der Kulturschaffenden“. In den Sommermonaten trafen sich dort seit Gründung der Republik Besucher, die in der DDR-Kultur Rang und Namen hatten. Der Schriftsteller Arnold Zweig (1875–1957) schwärmte in den fünfziger Jahren davon, wie am oder im Wasser am Strand mit anderen Künstlern, zum Beispiel Ernst Busch (1900–1980) und Familie Mittagbrot geteilt, gealbert und sich im wesentlichen erholt wurde.

Vor allem aus dem Exil kommende Schriftsteller wie Anna Seghers (1900–1983) oder Willi Bredel (1901–1964), Ludwig Turek (1898–1975), Jan Koplowitz (1910–2001) oder die Intendantin des Berliner Ensembles, Helene Weigel (1900–1971), besuchten nun die Insel. Erich Arendt (1903–1984), Lyriker und Übersetzer, verbrachte in den fünfziger Jahren mehrere produktive Arbeitssommer in Kloster. Andere Exilanten, wie der Sprachwissenschaftler Wolfgang Steinitz (1905–1967) oder der Sänger Ernst Busch erwarben Sommerhäuser auf Hiddensee oder ließen welche erbauen.

Sommerresidenzen entstanden auch für die Schauspielerin Inge Keller (*1923) sowie den Intendanten der Komischen Oper und Opernregisseur Walter Felsenstein (1901–1975). Er hatte 1947 in Berlin die Komische Oper

gegründet. Bis 1975 leitete er das Haus als Intendant. Seine Laufbahn begann am Wiener Burgtheater, wo er 1975 eine letzte Produktion herausbrachte. So war er schließlich an den Ausgangspunkt zurückgekehrt. Kraft für seine Regiearbeiten und Choreographien schöpfte er häufig auf Hiddensee. Der Sohn Christoph Felsenstein (*1946), Schauspieler und Kapitän, würdigte als Herausgeber der Walter-Felsenstein-DVD-Edition das Lebenswerk seines Vaters und stellte im Sommer 2009 Ausschnitte daraus im „Gerhart-Hauptmann-Haus" auf Hiddensee vor.

Eggert Gustavs (1909–1996), jüngster Sohn des Inselpastoren und Altorientalisten Arnold Gustavs und seiner Frau Helene Gustavs, machte sein Hobby, die Malerei und Graphik, zum Beruf. Das Aquarell und der Holzschnitt waren seine wichtigsten Ausdrucksmittel. Vorwiegend im Portrait und in der Karikatur hielt er Typisches mit knappen künstlerischen Mitteln fest, wobei er hauptsächlich aus dem Gedächtnis arbeitete. Anläßlich seines hundertsten Geburtstages im Jahre 2009 hatte das Heimatmuseum Hiddensee gemeinsam mit der Gustavs-Familie eine Ausstellung mit seinen Werken gestaltet. Zeitlebens betrieb er auch eine Künstlerklause im Hiddenseer Hause Gustavs.

Schriftsteller aus der ehemaligen DDR wie Uwe Johnson (1934–1984) oder Günter Kunert (*1929) widmeten dieser Region kurzweilige Texte in ihren Werken. Oft fanden regimekritische Künstler in der Abgeschiedenheit eine Rückzugsmöglichkeit. Erwin Kliem (1899–1982), seit 1945 Steinmetz und Holzbildhauer siedelte

„Langestreckt, im Norden ein Lehmklotz, Hochland, nach Süden hin sanft abfallend, flacher und flacher bis zur Meeresspiegelhöhe: drüber ein Baalscher Himmel: ungeheuer groß nämlich."

[Günter Kunert: Am Rande der Welt: Eine Insel. Aus: Ortsangaben, Aufbau Verlag Berlin und Weimar 1970, S. 131]

▲ GÜNTER KUNERT

sich in der Hiddenseer Heide an und beherbergte in den fünfziger Jahren den Schriftsteller Günter Kunert, der so zurückgezogen sehr intensiv arbeiten konnte. Er verfasste einige Gedichte über Hiddensee und beschrieb sehr kurzweilig die Zeit seiner Inselaufenthalte in der Erzählung AM RANDE DER WELT: EINE INSEL.

◄ ERWIN KLIEM VOR SEINEM HAUS „UTKIEK"

▲ DIE KÜNSTLERGRUPPE „CLARA MOSCH" AM LEUCHTTURM

1975 beteiligten sich fünf Künstler der später als „Clara Mosch" bekannten Verbindung an Pleinairs in Ahrenshoop und auf Hiddensee. Es entstanden Acht-Milimeter-Kamerafilme mit Gregor Torsten (Schade) Kozik (*1948), Michael Morgner (*1942), Thomas Ranft (*1945), Dagmar Ranft-Schinke (*1944), Carlfriedrich Claus (1930–1998). Der Photograph Ralf Rainer Wasse (*1942), ohne dessen umfangreiche Aktions- und Werkdokumentationen die Arbeiten der Künstler wahrscheinlich nicht archiviert worden wären, war häufig bei den Aktionen dabei.

Die von 1977 bis 1982 bestehende Künstlergruppe „Clara Mosch" betrieb Aktionskunst. Die Mitglieder arbeiteten als Graphiker, Zeichner, Schriftsteller, Philosophen und Photographen. Aquarelle wurden über-

▲ MICHAEL MORGNER UND THOMAS RANFT IM GESPRÄCH MIT A. R. PENCK (MITTE).

zeichnet. Plakate und Radierungen produziert. Es entstand eine Gegenströmung zur etablierten staatlichen Kunstszene.

Die eigenwillige Benennung geht auf die Addition der Anfangsbuchstaben der Nachnamen von den fünf Gründungsmitgliedern zurück: Carlfriedrich CLAus, Ehepaar Dagmar RAnft-Schinke und Thomas Ranft, Michael MOrgner und Gregor-Torsten SCHade. In der gleichnamigen Galerie stellten sie aus, organisierten aber auch Arbeitsprojekte unter freiem Himmel. Eine etwas verrückte und zugleich bodenständige Art gemeinsamer künstlerischer Unternehmungslust.

▲ MICHAEL MORGNER IM STEINBETT

▲ SANDSKULPTUR AN DER STEILKÜSTE (1981)

◀ HANNS CIBULKA

Der Lyriker und Schriftsteller Hanns Cibulka (1920–2004) war ein Wortmaler, sein Sujet die Landschaft. Er besuchte Hiddensee zwischen 1970 und 1985. Diese Aufenthalte inspirierten ihn zu seinen OSTSEETAGEBÜCHERN, in denen er die Insel beschrieb. In seinem Buch SANDDORNZEIT, 1971 veröffentlicht, dem ersten seiner OSTSEETAGEBÜCHER drückte er seine tiefe Verbundenheit zur Insellandschaft aus. Er beschrieb einen Sommer auf Hiddensee. Durch seine Sprachbilder entsinnt sich der Leser und Hiddensee-Urlauber der tiefstehenden herbstlichen Sonne, deren Strahlen sich durch spinnenbenetzte Sanddornzweige hindurchzwängen oder er erinnert sich an lange helle Juninächte, die häufig mit tiefroten Sonnenuntergängen beginnen. SWANTOW, als zweites Buch der OSTSEETAGEBÜCHER, erschien 1982. Die Handlung ist einen Sommer lang nach Rügen verlegt. Der Autor griff dort das Thema Umweltproblematik auf, indem er erste Daten und Fakten über Umweltschäden in der DDR darlegte. In SEEDORN, dem dritten OSTSTEETAGEBUCH, 1985 veröffentlicht, setzte Cibulka die Handlung auf Hiddensee fort. Diesmal aus einem anderen Blickwinkel, dem des Ältergewordenen.

Gret Palucca (1902–1993), die Meisterin des Ausdruckstanzes, verbrachte seit 1948 ihre Sommer auf Hiddensee. Paluccas Sehnsucht galt von jeher Inseln. Ihr ganzes Leben spielte sich auf und zwischen Inseln ab. Auf solchen, die sie für sich gefunden hatte, wie Sylt und Hiddensee, und auf solchen, die sie für sich und ihre Kunst geschaffen hatte, wie ihre Schule in

ILSE EBEL ▶

Dresden am Basteiplatz. In den fünfziger Jahren kaufte sie sich ein Sommerhaus auf Hiddensee. Leider ist ihr Haus im Jahr 2009 abgerissen worden, um einem zwar schönen, aber privat betriebenen Ferienhaus Platz zu machen. Jede freie Minute genoß die Palucca die

meditative Ruhe des „söten Lännekens“ und freute sich über Begegnungen mit der Inselphotographin Ilse Ebel (1912–2007). Auf dem Inselfriedhof sind sie nahe beieinander bestattet, eine mit Grabstein, die andere anonym.

◀ GRET PALUCCA

▲ DAS MUTHESIUS-HAUS IN VITTE

Der Schriftsteller Benno Pludra (*1925) siedelte sich in Vitte an und spielte in seinen Kinderbüchern mit dem Inselmotiv. Mit seinem LÜTT MATTEN UND DIE WEISSE MUSCHEL (Erstauflage 1963) verhalf er Hiddensee zu weiterer Popularität. Bis heute wird die Verfilmung im Zeltkino der Insel gezeigt. Er war Leichtmatrose, bevor er Germanistik, Geschichte und Kunstgeschichte studierte. Vielleicht ist dort schon der Grundstein gelegt worden, was seine Sympathie für das Meer, für Inseln und eben für Hiddensee anlangt. Der Zeichner Werner Klemke (1917–1994) und seine Frau Gertrud Klemke-Stremlau (1913–1988) bewohnten seit 1951 das Haus der Künstlerfamilie Muthesius. Klemke illustrierte unter anderem Pludras LÜTT MATTEN UND DIE WEISSE MUSCHEL und die Erstausgabe von Hanns Cibulkas SANDDORNZEIT.

Die Schauspielerin und Regisseurin Christine Harbort (1949–2003) nutzte seit den siebziger Jahren vielfach ihre freie Zeit, um sich auf Hiddensee zu erholen.

CHRISTINE HARBORT (1995) ▶

Ihren ersten Auftritt hatte die Schauspielerin am Volkstheater Rostock. Zuletzt spielte sie an der Berliner Schaubühne. Dem Film- und Theaterschaffen eng verbunden, gehörte sie auf Hiddensee mit zu den eifrigsten und auch kritischen Zeltkinobesuchern.

Die von dem Schriftsteller und Drehbuchautor C. U. Wiesner (*1933) verfaßte Kriminalgeschichte DAS MÖWENNEST ermöglichte einem ganzen Stab von Schauspielern sowie dem Regisseur Manfred Mosblech einen Hiddenseeaufenthalt. 1977 in der Serie POLIZEIRUF 110 als KOLLISION verfilmt, erhielt die Geschichte zwar einen anderen Wendepunkt als im Original zu lesen ist, aber zu den Dreharbeiten auf Hiddensee sein zu können, war das ausgemachte Ziel des Teams. Ein schönes Ziel, welches später noch Schule machen sollte. Einige der Schauspieler blieben der Insel als jährliche Sommerurlauber treu. Das Opfer in KOLLISION ist ein Tierarzt, ein guter Fachmann und engagierter Veterinär, der im Umgang mit anderen Menschen sehr rüde ist. Bei Forschungsarbeiten auf neue Erkenntnisse stoßend, brachten diese ihm nicht die erhoffte Anerkennung, weil sie weder in das Forschungskonzept seines Chefs noch in den staatlichen Forschungsplan paßten und deshalb unterdrückt wurden. An den Strand der Steilküste gespült, wird seine Leiche gefunden. Der ortsansässige Polizist, mit jedermann verwandt oder ver-

schwägert, verfällt während der Untersuchungen immer wieder ins Hiddenseer Plattdeutsch. Der POLIZEIRUF 110 ist eine traditionsreiche Krimireihe, die ihre Wurzeln 1971 im DDR-Fernsehen hat.

◄ SIGRID GÖHLER

Der beliebte Schauspieler Kurt Böwe (1929–2000) hielt sich gern auf Hiddensee auf. Mit seiner markanten Stimme las er häufig im Gerhart-Hauptmann-Haus, sowohl aus eigenen als auch aus fremden Texten. Er genoß die Signiergespräche in der Gedenkstätte in Kloster sowie vor der Buchhandlung Koralle in Vitte, liebte lange Heidespaziergänge, probierte gern kulinarische Neuheiten in den verschiedenen Lokalen der Insel aus. Als

▼ BARBARA DITTUS

▲ GÜNTER SCHUBERT

großer Theatermine setzte er sein Können sowohl beherzt als auch empfindsam ein. In vielen Theater- und Filmrollen engagiert, spielte er auch in dem 1973 teilweise auf Hiddensee gedrehten Fernsehfilm DEN WOLKEN EIN STÜCK NÄHER mit. Seine Erinnerungen sind eindrücklich nachzulesen in der gemeinsam mit Hans-Dieter Schütt erarbeiteten Autobiographie DER LANGE KURZE ATEM. Darin sagt er über die Schauspielerei:

„Man wird empfindlich gegenüber Menschen und gegenüber der Welt. Das ist das Schönste, was einem passieren kann.“

[Hans-Dieter Schütt: Kurt Böwe. Der lange kurze Atem, Verlag Das Neue Leben. Berlin 1995, S. 350]

▲ JUTTA HOFMANN, GÜNTER SCHUBERT & EHEFRAU, MARITA BÖHME

Für Kunst und Malerei hatte sich Willi Berger (*1922), nicht zuletzt beeinflußt durch seinen Lehrer Hans Meissel (1889–1969), schon sehr früh interessiert. Von der Natur fasziniert, mußte er sich nicht verbiegen, um vor dem Studium der Malerei etwas Handfestes zu lernen, wie es der Wille seines Vaters war. 1951 bestand er das Examen als Revierförster. Der seit 1955 auf Hiddensee lebende Maler eröffnete anläßlich seines achtzigsten Geburtstages

▲ WILLI BERGER IN SEINEM ATELIER

in der Galerie des Hiddenseer Heimatmuseums im Herbst 2002 eine Ausstellung mit seinem Lebenswerk. Diese besondere Werkschau zeigte eine Auswahl seiner naturalistischen und impressionistischen Bilder. Sie werden von der Kritik hoch geschätzt und führen immer wieder zu beachteten Ausstellungen über Deutschlands Grenzen hinaus. Bis heute ist er sehr produktiv und in verschiedenen Inselausstellungen vertreten.

Die Malerin Gisela Peschke (1942–1993) arbeitete mit den Stralsunder Volkskünstlern zusammen. Zuvor in Dresden Theatermalerei studierend, kam sie 1974 als Bühnenbildnerin nach Stralsund. Sie präsentierte ihre Werke erst in Stralsund, später auf Hiddensee. Die Künstlerin galt als eine bedeutende Malerin Hiddensees und durchstreifte die Insel, wie schon viele Malweiber vor ihr, mit großer Begeisterung. Immer bepackt mit Staffelei und Rucksack, entstanden Landschaftsbilder, Stilleben und sehr persönliche Portraits.

Der Architekturprofessor Helmut Trauzettel (1928–2003) setzte seit 1962 fort, was mit Alfred Grenander (1863–1931), Otto Wilhelm Spalding (1863–1920) und der

▲ UNBEKANNTER MALER AUF DEM INSELBLICK (UM 1954)

◀ DIE LIETZENBURG WÄHREND DER SANIERUNG 2010

„Lietzenburg“ begann und durch Max Taut zu einem Höhepunkt gelangte. Grenander und Spalding entwarfen für Oskar Kruse die Jugendstilvilla „Lietzenburg“.

„Mit einer Reinheit, welche sonst nur das Museum vergangenen Zeiten hinzufügt, ist hier der Jugendstil ausgelegt. […] Hier reckt sich eine englische Hausburg, die keinen Bürger zu enthalten meint; mit breiter Terrasse, riesigem Dach und kühner Schornstein-Pointe, mit Aussicht durch Flachbögen, mit grünen Eisenbändern an der roten Tür, gewellten Ornamenten überall und opalisierendem Innenleben.“

[Ernst Bloch: HERBST, SUMPF, HEIDE UND SEZESSION (1932). In: LITERARISCHE AUFSÄTZE. Gesamtausgabe, Bd. 9, Frankfurt am Main 1965, S. 440]

Der Publizist Samuel Saenger (1864–1944) betraute den Architekten und Graphiker Otto Firle (1889–1966) damit, das „Sethe-Haus“ in Kloster zu bauen. Benannt ist es nach Saengers Frau Irma Sethe (1876–?) einer bekannten Violinistin. Samuel Saenger war als politischer Redakteur für DIE NEUE RUNDSCHAU in Berlin tätig. Das Ehepaar Saenger-Sethe floh 1938 nach Frankreich und emigrierte 1941 in die USA.

Max Taut, der zwischen 1922 und 1925 vier Häuser im Bauhausstil errichtete, erhielt die Aufträge von Künstlern und wohlhabenden Familien, bis zu denen sich das Besondere Hiddensees herumgesprochen hatte. In Kloster baute er ein Haus für den Innenarchitekten Walter Pingel und eines für den Leipziger Verleger Max Gehlen,

▼ SEITENANSICHT DES „KARUSEL“ (2010)

[heute Doktoranden-Haus der Biologischen Station], in Vitte ist das Haus der Familie Müller zu finden, die es 1928 an Asta Nielsen und ihre Tochter verkaufte. Daneben steht das Weidermann-Haus, das seit 1939 im Besitz der Familie Delius-Möbus ist. Während das „Karusel" durch seine runde Form besticht, dominieren das Nachbarhaus wiederkehrende Dreiecksformen.

Trauzettel erwarb die einzige noch existierende Mühle („Schwarze Mühle") in Vitte und baute sie zu einem Wohnhaus aus. Das war, was Materialien betrifft, nach eigenen Berichten schon eine Herausforderung während der Mangelwirtschaft in der DDR. Aber er realisierte es und man hat einen wunderbaren Blick auf das Meer.

„Beim Brotholen in der Bäckerei Schwartz bewunderten wir des Mühlenbauwerkes wohlproportionierte Silhouette. Lebendig war es nicht mehr darin. Ohne Flügel, mit leicht nach Südwest gedrehtem Kopf, schaute der hohe Turm aus der flachen Wiese übers Meer."

[Helmut Trauzettel: DAS BAUEN IST DES MÜLLERS LUST... DIE INSELMÜHLE IN VITTE. In: Renate Seydel (Hrsg.): HIDDENSEE. GESCHICHTEN VON LAND UND LEUTEN. Ullstein Taschenbuchverlag, München 2000, S. 476]

▲ DIE SCHWARZE MÜHLE IN VITTE

Viele Künstler ließen und lassen sich inspirieren von der besonderen Insel-Atmosphäre. Etliche Gedichte, Romane, Bilder, Photographien, Skulpturen entstanden schon auf dem und über das „söte Länneken". Alle produktiven Geister zu nennen, würde den Rahmen sprengen. Die kleine Auswahl hier soll neugierig machen auf weitere Künstlerbiographien. Die Palette reicht von sehr ergreifenden Geschichten bis hin zu humorvollen Episoden, die auf Inselführungen oder während einer Pause im Lokal von Einheimischen oder langjährigen Hiddenseebesuchern gern erzählt werden.

1990 wurden mit Gründung des „Nationalparks Vorpommersche Boddenlandschaft" wesentliche Teile Hiddensees unter Naturschutz gestellt.

Das ehemals verschlafene Eiland hat sich mittlerweile zu einem modernen Seebad gewandelt, ohne seine ursprünglichen Reize verloren zu haben. Auf der langgestreckten Insel, heute der Körperform eines Seepferdchens ähnlich, liegen von Nord nach Süd verteilt vier Dörfer: Grieben, Kloster, Vitte und Neuendorf.

Die Vielfalt der Landschaft auf so engem Raum ist einzigartig: Die märchenhafte Dünenheide flankiert einen weiten Sandstrand, weiter Richtung Süden erstrecken sich die Salzwiesen, im Norden ist die sich stets verändernde Steilküste zu finden. Und das inseltypische Licht zieht noch immer viele Neuankömmlinge und Stammgäste in seinen Bann.

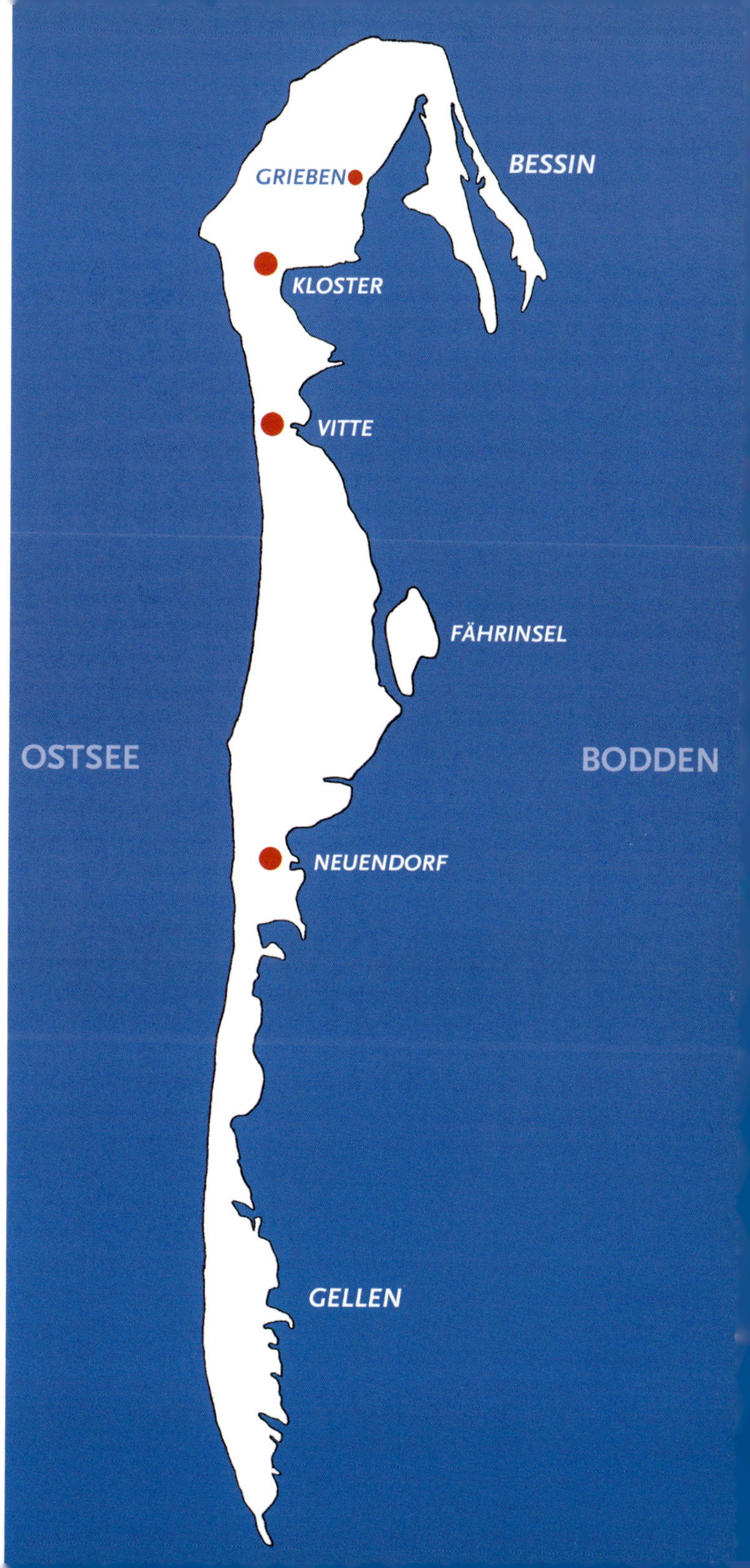

„Das Rufen der Glocke in Kloster. Bach und Meer musizieren gemeinsam. Wie sich Melodien verfremdet entfernen. Eine lange Reise, bis der Mond aufgegangen. Ein Psalm wird befragt. Die Seele erquicke, heißt es, und es bedeutet: Gelassenheit, Zuversicht, Geborgenheit.“

[Michael Baade: Sturmkinder...auf Hiddensee und anderen Inseln – Lyrik und Prosa – Mit Graphiken von Armin Münch
Ingo Koch Verlag, zweite, durchgesehene und ergänzte Auflage, Rostock 2006, S. 77]

In Kloster, inzwischen das kulturelle Zentrum Hiddensees, findet man das Gerhart-Hauptmann-Haus, von dem aus ein ungepflasterter Weg zur Inselkirche mit dem bekannten Friedhof führt.

Der Inselfriedhof erstreckt sich über Bodenwellen weiter ins Hinterland, als man vermuten würde. Die Grabsteine verraten viel von der Geschichte der Hiddenseebewohner. Aufschlußreich ist auch ein Gang entlang des historischen Gräberfeldes am Weg zur Kirche, eingraviert sind manchmal die typischen Hiddenseer Hausmarken oder man findet einen Grabstein in Form eines Leuchtturmes, möglicherweise, um den Beruf anzuzeigen. Neben den Einheimischen mit ihren typischen Namen sind Prominente und Leute, die Hiddensee zu ihrer Wahlheimat gemacht hatten, beerdigt.

◀ DIE INSELKIRCHE IN KLOSTER

WALTER FELSENSTEIN
30.5.1901 8.10.1975
MARIA FELSENSTEIN
21.5.1908

GERHART
HAUPTMANN

DEN
GESCHWISTERN
ANNA
OSKAR MAX
KRUSE
1865-1915
STETTIN DRESDEN
1847-1919 1854-1942
STETTIN-HIDDENSEE BERLIN-BERLIN

PALUCCA

Das Heimatmuseum am Ortseingang, direkt an der Westdüne, 1954 durch großes Engagement von dem Leuchtturmwärter, Kunsthandwerker und Wahlhiddenseer Karl Ebbinghaus (1915–2001) ins Leben gerufen, widmet sich ebenfalls der Inselgeschichte.

In das sich anschließende Hügelland schmiegen sich etliche Galerien mit wechselnden Ausstellungen. Von hier aus ist es nicht mehr weit bis zum berühmten Inselblick, der das bis heute wohl am häufigsten gemalte und photographierte Motiv Hiddensees ist.

▲ DAS HEIMATMUSEUM IN KLOSTER

Jeden Sommer sind von Neuendorf vor dem „Hotel am Meer" über die Galerie der „Heiderose" in der Dünenheide und kleinen Galerien in Vitte bis hin zur „Galerie am Torbogen" und dem Heimatmuseum in Kloster wechselnde Ausstellungen zu besichtigen, wobei auch hier längst nicht alle aufgezählt werden konnten. In der Wetterstation, seit August 1998 eine Attraktion auf Hiddensee, sind mittlerweile versierte Angestellte Jörg Kachelmanns beschäftigt, so daß sich die Wetteransage zu einer Kultangelegenheit entwickelt hat. Der bekannte Fernsehmeteorologe und Showmaster hatte die Idee dazu.

◀ PROMINENTEN-GRÄBER AUF DEM INSELFRIEDHOF

Konzerte werden im „Hauptmann-Haus" und der Inselkirche gegeben, womit eine langjährige Tradition erfolgreich am Leben erhalten wird. Wenn die Künstler, die auf Hiddensee zu Gast sind, spontan eine Probe ihrer Kunst zum besten geben, ist die kleine Kirche gut besucht. Dieser Brauch geht zurück bis in die zwanziger Jahre des letzten Jahrhunderts.

Im Ortszentrum von Vitte bieten die Seebühne als etabliertes Puppen- und Figurentheater und das „Henni-Lehmann-Haus" ein abwechslungsreiches Veranstaltungsangebot. Das seit 1963 betriebene Zeltkino ist bis heute die Adresse für ein anspruchsvolles Filmprogramm.

▲ STILLEBEN MIT HEUKARREN

Grieben als ältestes Dorf Hiddensees fand erstmals urkundliche Erwähnung im Jahr 1297, kurz nachdem die Zisterzienser Mönche auf die Insel gekommen waren. Die asketische Lebensweise der Mönche ermöglichte im zwölften und dreizehnten Jahrhundert eine stürmische Entwicklung des Ordens. Es kam zu bedeutenden Leistungen auf dem Gebiet der Landeskultivierung, der Viehzucht und des Fischereiwesens. Die Abtei Sankt Nicolai betrieb jedoch nicht nur Bauvorhaben in der nördlich gelegenen Ortschaft Kloster, sondern auch auf dem Südteil der Insel Hiddensee, dem Gellen, nahe des heutigen kleinen Leuchtfeuers oder richtiger gesagt: des Quermarkenfeuers.

Neuendorf mit dem alten Ortsteil Plogshagen hat den ursprünglichen Charakter eines Fischerdorfes bewahrt. Im Fischereimuseum, dem Lüttpartie-Schuppen, erzählen heute erfahrene Fischer von Leben und Arbeit der Hiddenseer Fischerfamilien. Der angrenzende Gellen beherbergte seit 1302 die Gellenkirche, deren Fundamente heute vom Ostseewasser überspült werden und von der damals die seelsorgerische Betreuung für viele Seeleute ausging. Vieles vom alten Flair auf der Insel Hiddensee ist erhalten geblieben; allerdings sind die Anreisebedingungen heute wesentlich komfortabler.

HOLZSKULPTUR NEBEN DEM LÜTT-PARTIE-SCHUPPEN ▶

Quellenverzeichnis:

Adler, Fritz: DIE MALERIN ANTONIE BIEL. In: POMMERSCHE JAHRBÜCHER, Bd. 33, 1938

ALLGEMEINES LEXIKON DER BILDENDEN KÜNSTLER DES XX. JAHRHUNDERTS. Hrsg. v. Hans Vollmer, Bd. 1–3, VEB E.A. Seemann-Verlag, Leipzig 1953

Baade, Michael und Stock, Wolf-Dietmar: HIDDENSEE – INSEL DER FISCHER, MALER UND POETEN. Verlag Atelier im Bauernhaus, Fischerhude 1992

Baade, Michael: STURMKINDER ... AUF HIDDENSEE UND ANDEREN INSELN – LYRIK UND PROSA – Mit Graphiken von Armin Münch. Ingo Koch Verlag, zweite, durchgesehene und ergänzte Auflage, Rostock 2006, © by Michael Baade.

Barthelmess, Wieland: ELISABETH BÜCHSEL 1867–1957. EIN LEBEN ZWISCHEN PARIS UND HIDDENSEE. Verlag Atelier im Bauernhaus, Fischerhude 1996

Bauschinger, Sigrid: ELSE LASKER-SCHÜLER. BIOGRAPHIE. Wallstein-Verlag, Göttingen 2004

Bernhardt, Rüdiger: GERHART HAUPTMANNS HIDDENSEE. Ellert & Richter, 1996

Decker, Kerstin: MEIN HERZ – NIEMANDEM. DAS LEBEN DER ELSE LASKER-SCHÜLER. Propyläen Verlag in der Ullstein Buchverlage GmbH, Berlin 2009

Deutsches Historisches Museum GmbH (Hrsg.): BOHEME UND DIKTATUR IN DER DDR – GRUPPEN, KONFLIKTE, QUARTIERE 1970 BIS 1989. Berlin 1997

Distl, Dieter: ERNST TOLLER. EINE POLITISCHE BIOGRAPHIE. Bickel, Schrobenhausen 1993

Erdmann, Gustav: GERHART HAUPTMANN UND DIE KRUSES. In: GREIFSWALD-STRALSUNDER JAHRBUCH, Bd. 2, Petermänken-Verlag, Schwerin 1962

Ettenburg, Alexander: MEIN LEBEN AUF DER WALDSCHÄNKE TANNHAUSEN UND AM VITTER SÜDSTRAND. In: A. E. : DIE INSEL HIDDENSEE, DAS OSTSEEBAD DER ZUKUNFT. Ein Informationsbüchlein, Verlag Franz Clepien, Wolgast und Zinnowitz 1905

Ewe, Herbert: HIDDENSEE. Hinstorff-Verlag Rostock 1983

Fallada, Hans: DAMALS BEI UNS DAHEIM: ERLEBTES, ERFAHRENES UND ERFUNDENES. Aufbau-Taschenbuch-Verlag, Berlin 2001

Faust, Manfred: DAS CAPRI VON POMMERN – GESCHICHTE DER INSEL HIDDENSEE VON DEN ANFÄNGEN BIS 1990. Ingo Koch Verlag, Rostock 2000

Gebühr, Otto: SOMMERFERIEN AUF HIDDENSEE. In: DAS OTTO-GEBÜHR-BUCH. Hrsg. v. Dr. Walter Gottfried Lohmeyer, August Scherl GmbH, Berlin SW o.J.

GEORGE GROSZ AM STRAND. OSTSEE-SKIZZEN. Hrsg. von Christine Fischer Defoy. TRANSIT Buchverlag, Berlin 2001

Gustavs, Arnold: HIDDENSEE. AUFZEICHNUNGEN EINES INSELPASTORS. Evangelische Verlagsanstalt, Berlin 1952

◀ GERHART HAUPTMANN HAUS IN KLOSTER (2010)

Hammermeister, Michael: MAX TAUT AUF HIDDENSEE. In: Zeitschrift POMMERN 3/ 2005, S. 30 bis 43

Harder, Matthias/Neumann, Edith/Schwetter, Anne Sibylle: DIE MALERIN KÄTHE LOEWENTHAL UND IHRE SCHWESTERN. DREI DEUTSCH-JÜDISCHE SCHICKSALE. Verlag des Museums- und Kunstvereins Osnabrück, Osnabrück 2009

Hauptmann Gerhart: SÄMTLICHE WERKE. Hrsg. von Hans-Egon Hass. Propyläen Verlag in der Ullstein Buchverlage GmbH, Berlin 1996

JAHRBUCH DER STAATLICHEN KUNSTSAMMLUNGEN DRESDEN. (Sonderdruck 2005)

Jürgs, Britta (Hrsg.): LEIDER HAB ICH'S FLIEGEN GANZ VERLERNT. Portraits von Künstlerinnen und Schriftstellerinnen der Neuen Sachlichkeit. AvivA Verlag, Berlin 2000

Jürgensohn, Arved: HIDDENSEE DAS CAPRI VON POMMERN. EIN REISEFÜHRER UND ERINNERUNGSBUCH. Verlag von Karl Haertel / Bücherklause und Antiquariat/Kloster auf Hiddensee, Liegnitz 1924.

Kaus, Max: WERKE UND DOKUMENTE. Hrsg. V. Claus Z von Manteuffel, Ursula Schmitt-Wischmann, Claus Pese, Gerhard Bott von Koch, Neff & Oetinger & Co, Berlin-Taschenbuchverlag 1991

Kruse, Käthe: ICH UND MEINE PUPPEN. Freiburg im Breisgau 1951

Kruse, Max (Bildhauer): EIN WEG ZU NEUER FORM. Dietrich, München 1925.

Kruse, Max (Kinderbuchautor): DIE VERSUNKENE ZEIT. BILDER EINER KINDHEIT IM KÄTHE KRUSE-HAUS DVA, Stuttgart 1983

Kunert, Günter: AM RANDE DER WELT: EINE INSEL. Aus: ORTSANGABEN. Aufbau Verlag Berlin und Weimar 1970, © by Günter Kunert

Lehmann, Henni: ES SINGT DAS MEER. SONETTE UND TERZINEN. Stuttgart 1925, S. 5

LA MAMELLE DELLA VERITÀ. DIE BRÜSTE DER WAHRHEIT. Lokale Anthropologie als Beitrag zur Wiederentdeckung einer neuzeitlichen sakralen Topographie. Hrsg. von Agentur für geistige Gastarbeit Harald Szeemann. Armando Dadò Editore Locarno. o.J.

Lethen, Helmut: VERHALTENSLEHREN DER KÄLTE. LEBENSVERSUCHE ZWISCHEN DEN KRIEGEN. edition suhrkamp, NF Bd. 884, Frankfurt am Main 1994

Mann, Katia: MEINE UNGESCHRIEBENEN MEMOIREN. Hrsg. von Elisabeth Plessen u. Michael Mann, Fischer-Taschenbuchverlag, Frankfurt am Main 2004

Miethe, Käthe: HIDDENSEE. Hinstorff-Verlag Rostock 1962

Moeller, Magdalena M. Schulte/Dahlmanns, Janina Wülwer, Ulrich (Hrsg.): ERICH HECKEL AN DER OSTSEE. Hirmer, Berlin 2006

Mühsam, Erich: ASCONA. EINE BROSCHÜRE. Verlag Birger Carlson, Locarno 1905. Hier zitiert nach dem Reprint. Verlag Klaus Guhl Berlin(West), o.J. (ca. 1982)

Nielsen, Asta: DIE SCHWEIGENDE MUSE. Henschel-Verlag, Berlin 1977

Nienaber, Marianne: WILLY JAECKEL – SO WAR MEIN DENKEN. Ausstellungskatalog, Miesbach 2000

Piechocki, Reinhardt: ONKEL OS, DER KÖNIG DER INSEL HIDDENSEE. In: Ostsee-Zeitung, 20./21. Januar 2001

Piscator, Erwin: ZEITTHEATER. DAS POLITISCHE THEATER UND WEITERE SCHRIFTEN VON 1916–1966 rowohlt, Reinbek/Hamburg 1986

Ringelnatz, Joachim: DAS GESAMTWERK. 7 Bände, Hrsg. v. Walter Pape, Karl Henssel Verlag, Berlin 1982–1985

Ringelnatz, Joachim: SÄMTLICHE GEDICHTE. Diogenes Verlag AG Zürich 1997

Rosenkranz, Jutta: MASCHA KALÉKO. BIOGRAPHIE. Deutscher Taschenbuch-Verlag (dtv premium), 8. Auflage, München 2009

Rübe,Werner: PROVOZIERTES LEBEN. GOTTFRIED BENN. Klett-Cotta Verlag, Stuttgart 1993

Sanders-Brahms, Helma: GOTTFRIED BENN UND ELSE LASKER-SCHÜLER. rowohlt, Berlin 1997

Schebera, Jürgen: DAMALS IM ROMANISCHEN CAFÈ. Leipzig 1985

Schmidtbonn, Wilhelm: DIE UNERSCHROCKENE INSEL. München 1925, überarbeitete Auflage 2002

Schneider-Siemt/Gera, Rudolph: HIDDENSEE – BILDER EINES SOMMERS AUF DER INSEL DER FISCHER, MALER UND POETEN. Sachsenverlag, Dresden 1951

Schumann, Gerhard (Hrsg.): PALUCCA – PORTRÄT EINER KÜNSTLERIN. Henschel-Verlag, Berlin 1973

Schuster Arthur: DIE INSEL HIDDENSEE BEI RÜGEN. In: FÜHRER DURCH DIE INSEL RÜGEN 1905–1906. Verlag Arthur Schuster, 1906

Schütt, Hans-Dieter: KURT BÖWE. DERLANGE KURZE ATEM. Verlag Das Neue Leben Berlin 1995

Seydel, Renate (Hrsg.): HIDDENSEE – GESCHICHTEN VON LAND UND LEUTEN. Ullstein-Taschenbuch-Verlag, München 2000

Südkamp, Elisabeth: IVO HAUPTMANNS FRÜHE UND NEOIMPRESSIONISTISCHE WERKE. Kiel 1994

Toller, Ernst: DRAMEN DER ZEIT. Hrsg. v. Artur Müller und Helmut Schlien, Bd. 12, Verlag Lechte, Emsdetten 1954

Wandres-Laible, Susanne: KINDHEIT IM ARZTHAUS IN VITTE 1920–1928. © Susanne Wandres-Laible, Freiburg

Zivier, Georg: DAS ROMANISCHE CAFÉ. ERSCHEINUNGEN UND RANDERSCHEINUNGEN RUND UM DIE GEDÄCHTNISKIRCHE. Haude & Spenersche Verlagsbuchhandlung GmbH /Berlinische Reminiszenzen, Bd. 9, Berlin 1965

Zoch-Westphal, Gisela: AUS DEN SECHS LEBEN DER MASCHA KALÉKO. BIOGRAPHISCHE SKIZZEN, EIN TAGEBUCH UND BRIEFE. Arani Verlag, Berlin 1987

Bildnachweis:

Arendt, Andreas Archiv Hiddensee: S. 72

Arendt, Ulrich: S. 76 (I), S. 100; S. 106

Baade, Michael / Archiv Rostock: S. 6; S. 9; S. 58 (I)

Berger, Willi / Archiv Hiddensee (Portraits von Elisabeth Büchsel): S. 44 (I, II);

Bienert, Martina / Heim, Wolfgang: S. 61 (I); S. 86; S. 96; S. 97; S. 99;

Decker, Klaus: S. 3; S. 21 (III); S. 22; S. 23; S. 25; S. 28; S. 31; S. 37; S. 65; S. 93 (I, II); S. 95; S. 98 (I bis IV); S. 101, S. 102

Dropmann, Helga: S. 16; S. 94

Deutsches Literaturarchiv Marbach/ Tanja Fengler-Veit, (digitale Photoabteilung): S. 12; S. 13; S. 32; S. 63

Falberg, Tobias: S.14

© Fondazione Monte Verità: S. 24 (I bis V); S. 29

Heimatmuseum Hiddensee: S. 4; S. 5 (I, II); S. 7 (I, II); S. 8; S. 10; S. 11 (I, II); S. 15; S. 17; S. 18; S. 20 (I, II); S. 21 (I, II); S. 41; S. 42; S. 43; S. 45 (II); S. 46; S. 47; S. 61 (II); S. 73 (I bis VI)

Löffler, Maya/ Archiv: S. 33; S. 34 (I, II); S. 35; S. 36; S. 38 (I, II); S. 39; S. 62 [Photo Max Ebel]; S. 75; S. 85 (I) [Photo Ilse Ebel]; S. 85 (II); S. 87; S. 88 (I, II); S. 89 (I, II); S. 90 [Photo Maya Löffler]

Lindenau-Museum Altenburg/ Photo Ralf Rainer Wasse: S. 77; S. 78 (I bis IV); S. 79; S. 80; S. 81; S. 82; S. 83

© LWL-Landesmuseum für Kunst und Kulturgeschichte Münster/Rudolf Wakonigg: Bildnis Conrad Felixmüller (1914): S. 67

© Museen für Kunst und Kulturgeschichte der Hansestadt Lübeck: Selbstportrait Erich Heckel: S. 66

© Museum Perleberg unter Leitung von Günther Seier: S. 68

Nienaber, Marianne (Nachlaßverwalterin Willy Jaeckel): S. 70 (I, II); S. 71 (I, II)

Magas, Marion: S. 69; S. 91

Northing, Ulrike: Titelbild [Atelier im Rathaus Hiddensee/ Dachgeschoß/Norderende 162/18565 Vitte]/www.ulrike-northing.de

Privat: S. 76 (II); S. 92

Ritscher, Prof. Dr. Wolf /Archiv: www.kaethe-loewenthal.de: S. 45 (III); S. 48; S. 49 (I, II, III); S. 50; S. 51; S. 52; S. 53; S. 54; S. 55; S. 56; S. 57

© Sächsische Landesbibliothek Dresden (SLUB)/Deutsche Fotothek/Christian Borchert: S. 84

Schubert, Rosemarie und Georg: S. 45 (I)

Tappe, Erika und Hans-Christian: Landschaftsgemälde Elisabeth Büchsel: S. 40; Landschaftsgemälde Katharina Bamberg: S. 60; Umschlagseiten innen: Arbeiten aus den Jahren 1993 bis 2005

© Kurt Tucholsky Literaturmuseum/Archiv Schloß Rheinsberg: S. 74

Julie-Wolfthorn-Freundeskreis/ Archiv Berlin, Leitung Sabine Krusen: S. 58 (II); S. 59

Trotz gewissenhafter Recherchen ist es mir möglicherweise nicht in allen Fällen gelungen, die Rechtsinhaberschaft zu klären. Etwaige Rechtsinhaber werden gebeten, sich mit mir in Verbindung zu setzen (www.hiddensee-kultur.de).